L'avenir est quelque chose qui se surmonte.
On ne subit pas l'avenir, on le fait.

(Georges Bernanos)

DU MÊME AUTEUR

La conception de cours. Guide de planification et de rédaction, Presses de l'Université du Québec, 1995.

Bien vivre, mieux vieillir. Guide pratique pour rester jeune, Les éditions de l'Homme, 1997.

Petit guide de la retraite heureuse (édition en Europe de *Une retraite heureuse ? Ça dépend de vous !*), Eyrolles pratique, 2005.

Une retraite heureuse ?

ça dépend de vous !

Catalogage avant publication de la Bibliothèque nationale du Canada

Dessaint, Marie-Paule

    Une retraite heureuse? : ça dépend de vous!

    Comprend des réf. bibliogr.

    ISBN 2-89077-283-7

1. Retraités - Psychologie. 2. Retraités - Santé et hygiène. 3. Retraités - Conditions sociales. 4. Retraités - Conditions économiques. 5. Retraite - Planification. I. Titre.

    BF724.8.D47 2005   155.67'2   C2005-940148-6

Conception graphique et mise en pages : Olivier Lasser
Illustration de la page couverture : Philippe Beha
Illustrations intérieures : Isa Python dans *Petit guide de la retraite heureuse*,
                  Marie-Paule Dessaint, Eyrolles pratique, 2005

Tous droits réservés
ISBN 2-89077-283-7
Dépôt légal : 1er trimestre 2005

IMPRIMÉ AU CANADA

www.flammarion.qc.ca

MARIE-PAULE DESSAINT, Ph.D.

Une retraite heureuse ?
ça dépend de vous !

Flammarion
Québec

J e vous dédie ce livre, à vous les baby-boomers qui commencerez à vous retirer du monde du travail organisé aux alentours de 2005, puis qui le quitterez comme un véritable raz de marée, à compter de 2010. Différents de vos aînés, partis à 65 ans, souvent fatigués ou usés, vous serez nombreux à ne pas envisager la retraite comme un temps de repos après une vie de dur labeur, mais plutôt comme la suite logique d'une vie active et bien remplie.

On vous dit, pour la plupart, jeunes, en forme, toniques, cultivés, bien branchés, sur le web et autrement, avides de connaissances, compétents, mais aussi épris de liberté, quelque peu individualistes et omniprésents ! Vous n'accepterez donc pas d'être mis au rancart, rejetés, oubliés… Vous voudrez vous faire entendre et participer aux décisions qui vous concernent, mais aussi, pour un grand nombre d'entre vous, vous préoccuper du sort et du bien-être des jeunes générations. Plutôt à l'aise financièrement, pour la plupart, vous exigerez que les produits et services s'adaptent à vos nouveaux besoins, mais vous souhaiterez, en même temps, que l'on ne vous considère pas comme des « petits vieux ». C'est ainsi que vous ferez changer, peu à peu, les mentalités à l'égard de la retraite et du vieillissement. Grâce à vous, rien ne sera plus comme avant. Pour vous, bien sûr, mais aussi pour vos aînés et les plus jeunes qui vous suivront.

Je vous espère tous heureux, aimés, en bonne santé, actifs, prospères et solidaires. Ce livre vous propose des moyens d'y parvenir.

Introduction

J e vieillis, tu vieillis, il vieillit, nous vieillissons tous, à tel point que, d'ici 2010, le nombre de personnes âgées de plus de 60 ans devrait égaler celui des moins de 25 ans, soit environ 25 % de la population[1]. Car il s'agit vraiment, dans cet ouvrage, de l'art de bien vieillir, même si le titre met en lumière la retraite et son adaptation sur les plans psychologique et social. Le terme «retraite» n'est en fait qu'une réalité administrative. Rien d'autre. Une fois ce cap franchi et toutes les formalités terminées, nous redevenons ou restons nous-mêmes, avec tous nos talents, nos compétences, nos passions, nos besoins, nos peurs et nos craintes et, bien ancré en nous, le désir fondamental de demeurer heureux, actif, entouré et en santé jusqu'à la fin de nos jours.

Si, pour certains retraités, cette nouvelle période de la vie continue d'être une source quasi inépuisable de joie, d'amour et d'accomplissement, pour d'autres, plus nombreux qu'on ne le croit, elle deviendra, ou continuera d'être, source d'ennui, de tristesse et d'isolement, avec, en prime, tous les effets négatifs que l'on connaît sur la santé physique et psychologique. La retraite ne se passe d'ailleurs jamais comme on l'avait imaginée, prévue,

---

1. Dans leur rapport intitulé «Population québécoise : conséquences sur le financement des dépenses publiques de santé», Anne Lefebvre et Lee Soderstrom, deux chercheurs de l'Université McGill, mentionnent, à la page 16, que, en 1950, 5,7 % de la population québécoise était âgée de plus de 65 ans. Ce pourcentage devrait monter à 26,9 % d'ici 2030 et à 29,4 % d'ici 2050.

crainte ou idéalisée. Et ce ne sont pas forcément les plus démunis ou les moins nantis sur les plans matériel et intellectuel qui échoueront ou dévieront de leur trajectoire, temporairement ou pour toujours.

Mais qu'est-ce donc qui distingue les uns des autres ? Certainement la capacité de repositionner rapidement leur vie, quoi qu'il leur arrive, un optimisme inébranlable, mais aussi la volonté et la possibilité de compenser les pertes de la retraite et du vieillissement par de nouveaux gains librement choisis, ainsi que de maintenir l'équilibre entre les principaux aspects de leur vie, soit :

➤ **S'occuper d'eux-mêmes,** c'est-à-dire de leur santé et de leur sécurité physiques et psychologiques, et s'assurer de conserver une place bien à eux dans leur environnement social et affectif.

➤ **S'occuper des autres,** c'est-à-dire aimer et s'assurer d'être aimés, nouer des amitiés et les conserver, et appartenir à des réseaux dans lesquels ils se sentent accueillis et épaulés.

➤ **S'estimer,** c'est-à-dire mériter l'estime et le respect d'autrui, développer la reconnaissance positive d'eux-mêmes malgré les difficultés et les échecs et résister au désenchantement face à leurs limites.

➤ **S'accomplir pleinement,** c'est-à-dire apprendre à mieux se connaître pour pouvoir continuer à développer et mettre à contribution leurs talents et leurs compétences, à créer, rêver, relever des défis, s'intéresser aux causes sociales et s'engager dans une démarche spirituelle bien à eux.

Rien de nouveau apparemment ici, puisque déjà, au début des années 1950, le psychologue Abraham Maslow publiait divers articles consacrés à ces besoins fondamentaux de l'être humain et à leur hiérarchie. Depuis, de nombreux psychologues[1] et sociologues ont mené des recherches dans le but de définir les ingrédients du bonheur, la recherche du bonheur étant d'ailleurs

---

1. Voir notamment, parmi tant d'autres, le numéro spécial consacré au bonheur de la *Revue québécoise de psychologie,* vol. 18, n⁰ 2, 1997.

devenue un de leurs sujets de prédilection depuis quelques décennies. Tous en arrivent aux mêmes conclusions que Maslow : dès qu'une personne parvient à combler ses besoins de survie et de sécurité, le bonheur ne repose pratiquement plus sur ces besoins mais plutôt sur la quête d'amour, d'amitié, d'appartenance et d'estime, ainsi que sur l'actualisation du plein potentiel. Voilà pourtant des besoins qui risquent de disparaître avec le passage à la retraite si l'on n'y prend pas garde, surtout les besoins négligés au profit de la carrière, comme la vie affective et sociale, ce qui peut alors provoquer une rupture du délicat équilibre de la vie.

C'est pourquoi les spécialistes entrevoient des jours difficiles pour un certain nombre de nouveaux retraités, surtout après l'âge de 65 ans : augmentation du taux de divorces et de séparations[1], du taux de suicides chez les hommes, isolement, abandon et maltraitance d'un nombre important de personnes âgées, guerre des générations, et j'en passe ! Tout cela malgré le fait que ces nouveaux retraités, notamment les baby-boomers de la première génération (1945-1953), les «rebelles», à qui ce livre est particulièrement dédié, ont été, sont et seront davantage gâtés par la vie que leurs prédécesseurs et que ceux qui les suivront.

Mais ne nous affolons pas ! Si les générations précédentes ont été propulsées dans la retraite sans information et sans aide, ce n'est vraiment plus le cas aujourd'hui. Des cours de préparation à la retraite, des colloques, des journées d'information, ainsi que quantité d'ouvrages et de reportages traitent de ce sujet. Il faut dire que l'arrivée massive des baby-boomers à la retraite au cours des prochaines années a de quoi alimenter les discussions et les inquiétudes sur tous les plans : finances, régimes de retraite et de santé, familles, depuis les membres les plus jeunes jusqu'aux très âgés, loisirs, emploi, vieillissement de la population, logements, adaptation des produits et services, etc.

---

1. Le lecteur trouvera, tout au long des chapitres, les références justifiant ces informations.

Le livre que vous avez entre les mains constitue donc un outil précieux pour retrouver votre chemin dans le grand labyrinthe du passage à la retraite. Non seulement il fait le point sur toutes les questions mentionnées plus haut, mais il vous propose aussi des tests d'autoévaluation, des ressources, des pistes de réflexion et des conseils pour affronter avec succès cette nouvelle étape de votre existence ou pour rétablir l'équilibre, si nécessaire, si vous y êtes déjà depuis un certain temps.

J'ai choisi de prendre une retraite anticipée il y a quelques années simplement pour continuer à travailler à mon rythme, dans un domaine et un environnement que j'ai librement choisis et créés et uniquement en compagnie de gens avec lesquels je me sens en harmonie. Voilà quelques privilèges, parmi d'autres, que mon nouveau statut de retraitée m'a permis d'acquérir.

Après une trentaine d'années à œuvrer dans le monde de la pédagogie universitaire, de l'apprentissage adulte, de la formation à distance et des nouvelles technologies, j'ai en effet décidé de consacrer mes énergies à mener des recherches sur les conditions du vieillissement réussi. Je suis donc tout naturellement devenue une passionnée de l'accompagnement psychosocial des futurs retraités et de ceux qui se sont retirés depuis un certain temps déjà. Ce sont d'ailleurs les interrogations, les craintes, les résistances, les rêves et surtout les illusions à l'égard de la retraite de certains des participants à mes ateliers qui m'ont incitée à publier ce livre. J'ai aussi eu la chance de donner des cours à des personnes inscrites aux activités d'une université du troisième âge, donc à la retraite depuis plusieurs années. En outre, durant l'année que j'ai consacrée à effectuer ma recherche pour cet ouvrage, j'ai fréquenté dans Internet plusieurs forums spécialisés où des personnes retraitées, grâce à l'anonymat, discutaient ouvertement et lucidement de toutes les questions que j'aborde ici. Tout cela m'a permis de constater les résultats d'adaptations bien réussies et d'autres qui l'étaient moins, mais aussi de valider et d'illustrer mes propos.

À toutes ces expériences et à tous ces témoignages se sont greffés ceux de ma famille, de mes amis et des gens de mon entourage. Tout comme eux, et surtout parce que je fais partie des baby-boomers de la première génération, qu'on surnomme aussi «les enfants gâtés de l'après-guerre», je m'interroge souvent sur ce que sera ma vie, lorsque je serai vieille, parmi ce nombre impressionnant de «vieux» de mon âge, dans une société aux tendances individualistes, atteinte aussi de la maladie du siècle, le jeunisme, c'est-à-dire cette propension à mettre systématiquement au rancart les quinquagénaires et leurs aînés. Je me demande souvent ce que nous ferons alors, chacun de notre côté, ou tous ensemble, comment, où et avec qui nous vivrons, quelles seront nos valeurs dominantes, dans quel état de santé nous nous trouverons et qui s'occupera de nous, avec respect, amour et empathie, lorsque nous deviendrons, du moins certains d'entre nous, dépendants et sans famille pour nous soutenir. Parviendrons-nous, par ailleurs, à rétablir le pont avec les jeunes générations et à nous épauler mutuellement? Comment éviterons-nous de tomber dans le piège de la vieillisse-échec alors que nous avons tout, en apparence, pour être heureux? En fait, quelle est la recette d'une retraite-succès, si elle existe?

C'est à toutes ces questions et à bien d'autres que je tente de répondre dans ce livre.

Permettez-moi, pour finir, de vous confier un petit secret! La rédaction de ce livre, notamment les réflexions qu'elle m'a amenée à faire pour préciser ma pensée, m'a totalement métamorphosée alors que je ne m'y attendais pas! Non seulement cela m'a permis de mettre précisément le doigt sur les secteurs de ma vie que j'avais quelque peu négligés, mais elle m'a aussi montré le chemin que je devrais dorénavant emprunter pour rétablir l'équilibre. Plus j'avançais dans mon travail et plus je ressentais en effet le besoin de repositionner ma propre vie sur plusieurs plans et notamment de me délester de certains fardeaux matériels et affectifs. En réalité, j'ai eu l'impression de m'ébrouer, un peu comme un chien fou qui sort de l'eau, purifiée de mon passé, prête à m'élancer de nouveau dans l'aventure et à continuer mon chemin, à ma façon, plus proche de ceux qui me sont chers et avec davantage de sérénité.

Puisse ce livre avoir le même effet sur vous! Je vous invite donc à me suivre sur ce magnifique chemin de la vie, perpétuellement en construction. Peut-être nous y croiserons-nous un jour!

Contenu du livre

> *Les Indiens croient que l'individu est une maison de quatre pièces : une pièce physique, une pièce mentale, un pièce émotionnelle et une spirituelle. On a tendance à en privilégier une seule, mais tant que l'on n'entre pas tous les jours dans chacune des pièces, ne serait-ce que pour l'aérer, on est incomplet.* (Rumor Goddan)[1]

C'est donc tout naturellement en m'inspirant de la hiérarchie des besoins humains proposée par Abraham Maslow et de la notion d'équilibre entre ces besoins que j'ai conçu chacun des chapitres.

Dans le premier chapitre, intitulé «Gros plan sur la retraite», je vous présente la hiérarchie des besoins humains et son application à la retraite, ainsi que les différentes façons de vivre sa retraite selon sa propre capacité d'adaptation. Libre à chacun d'emprunter le chemin qui lui convient le mieux, d'y courir, d'y marcher, de prendre son temps et même de revenir sur ses pas pour mieux repartir ensuite.

Une bonne santé physique et psychologique, ainsi qu'un surcroît d'énergie sont nécessaires pour réaliser nos projets, nos rêves et, s'il le faut, tout recommencer. Je vous propose, dans le second chapitre, intitulé «L'équilibre physique et psychologique», des moyens de préserver votre capital santé et même de l'améliorer. Une section importante est consacrée aux effets du stress sur la santé et la vitalité, particulièrement en période de grands changements et de grands bouleversements, même positifs, comme ceux que la retraite vous amènera à réaliser.

Bien des gens veulent justement changer totalement leur vie en même temps qu'ils prennent leur retraite : déménager, voyager dans des conditions qu'ils n'avaient jamais expérimentées auparavant, travailler à nouveau pour boucler leurs fins de mois et probablement aussi pour éviter de se sentir trop

---

1. Tiré de Ashner, Laurie et Meyerson, Mitch. *L'insatisfaction chronique,* Montréal, Sciences et culture, 2000, p. 296.

seuls. Dans le troisième chapitre, intitulé «L'équilibre matériel et pratique», je fais donc un inventaire des facteurs à considérer avant de prendre toutes ces décisions, afin de ne pas commettre des erreurs de parcours parfois difficiles à réparer. J'insiste sur le choix du nouveau logement et du nouvel environnement où passer sa retraite. Au lieu, par exemple, de s'isoler dans des villages de retraités, ne vaut-il pas mieux envisager de s'installer dans la «vraie vie», avec des gens de toutes les générations, et s'assurer de disposer ainsi de toutes les ressources nécessaires pour maintenir l'équilibre entre tous nos besoins fondamentaux?

Enfin, la grande majorité d'entre nous vivons en couple et sommes entourés d'une famille constituée de plusieurs générations, chacune aux prises avec ses joies et ses peines, ses besoins et ses contraintes, ses rêves et ses inquiétudes. Le quatrième chapitre, intitulé «L'équilibre affectif», propose donc des outils pour réussir ce retour du couple à la maison, où l'homme et la femme se retrouvent 24 heures sur 24 ensemble, et pour vivre en harmonie avec tous les membres de sa famille, sans pour autant se sacrifier. Il y est également question du sort des personnes seules et des façons, parfois bien différentes, des hommes et femmes, de s'adapter à la vie en solo.

Une retraite réussie repose en grande partie sur la qualité des projets que l'on a en chantier et des activités dans lesquelles on s'engage. Pour choisir ceux qui vous conviennent le mieux, je vous propose, dans le chapitre 5, intitulé «L'équilibre intellectuel», de commencer par redécouvrir toutes les facettes de votre personnalité, vos valeurs et vos besoins, puis de procéder de façon systématique. Je vous explique aussi pourquoi il est fréquent, après plusieurs années passées à la retraite, de voir des gens tomber dans la routine et le confort un peu étriqué de leur quotidien, alors qu'ils avaient plutôt envisagé, et annoncé, une vie mouvementée et captivante. Est-ce que ce sera votre cas?

Des outils pour avancer

Avant de s'élancer vers l'avenir, de réaménager sa vie et de s'engager dans de nouvelles activités, il est bon, voire indispensable, de faire un bilan. Cela dans le but de déceler qui nous sommes vraiment, quel a été le fil conducteur de notre vie et comment nous souhaitons vivre dorénavant, puis vieillir. Dans chacun des chapitres, vous trouverez donc une série de questions, de pistes de réflexion et même des conseils. En répondant aux questions, vous pourrez non seulement faire le point sur tous les aspects de votre existence, mais aussi en extraire la quintessence, pour pouvoir laisser derrière vous tout ce qui est inutile et risque de vous ralentir. Ne ratez pas cette occasion de faire plus ample connaissance avec vous-même et de terminer tout ce qui ne l'a pas encore été.

Pourquoi d'ailleurs ne pas vous procurer un calepin pour y noter toutes les idées et toutes les informations importantes, selon vous, que vous glanerez au fil de la lecture des différents chapitres ? Vous pourriez y inscrire les points auxquels vous devriez prêter tout particulièrement attention, les conversations que vous entretenez avec nul autre que vous-même, vos déceptions, vos espoirs et vos rêves, ceux de votre sommeil et les autres, ainsi que les coïncidences qui ne manqueront pas de survenir si vous désirez apporter des changements dans votre vie. Vous pourriez également noter les activités que vous avez explorées, mais qui n'ont pas donné de résultats satisfaisants (pourquoi ?), et celles qui vous ont rendu tout spécialement heureux. Inscrivez aussi vos valeurs, vos qualités, vos forces et vos bons coups, ainsi que les éléments de votre personnalité que vous désirez peut-être améliorer. Et bien d'autres choses encore, dont vos progrès sur le chemin de l'accomplissement que vous avez vous-même tracé. Conservez-le dans un endroit secret et inaccessible. Vous serez ainsi plus à l'aise pour écrire les «vraies choses».

Puisque ce calepin risque de devenir un compagnon de route, un confident et un entraîneur, il mérite bien d'être surnommé «calepin entraîneur» ou «calepin copain». À vous de choisir ! Pour ceux qui n'ont pas objection à écrire leurs réflexions dans les livres, je vous invite à utiliser le calepin copain que j'ai préparé à votre intention, à la p. 199. N'hésitez pas non plus à souligner les passages que vous aimerez relire. Remplissez les marges de vos notes... C'est *votre* livre.

Que faire de ce temps pour rien ? De ce temps d'attente d'une fin tant redoutée ? Le transformer en un temps pour quelqu'un, par exemple pour soi, ce qui suppose une déculpabilisation eu égard aux actifs et un ré-apprentissage au plaisir des instants qui se succèdent sans se ressembler.

Adopter un autre programme avec de nouveaux rythmes : faire le jour même ce qu'on a toujours reporté au lendemain; siester allégrement; paresser joyeusement; transmettre sans imposer et surtout aimer! Et bannir à jamais les verbes «gérer», «s'investir», «capitaliser»… Le droit à la retraite ne se marchande pas; il est inaliénable. Que le temps de la retraite soit celui de la délivrance de tout travail obligatoire, qu'il ait le goût de la liberté libre, pour autant que la société en facilite la jouissance de chacun[1]. (Thierry Paquot)

1. Paquot, Thierry. «La retraite, pas la déroute», *Le Monde diplomatique,* février 2001, p. 32.
www.monde-diplomatique.fr

Chapitre 1

Gros plan sur la retraite

« Plus je me rapproche de l'échéance de mon départ à la retraite, plus j'ai l'estomac noué ! Je n'ai pourtant pas de soucis à me faire : finances, logement, compagne, santé, tout va très bien. Alors, que se passe-t-il ? Mystère ! Probablement la crainte d'une perte de reconnaissance sociale. » (Un futur retraité)[1]

Qu'il soit voulu ou forcé, le passage à la retraite est, pour tous, un moment délicat à vivre. Tout est chamboulé et, souvent, rien ne se déroule comme on l'a rêvé, idéalisé, planifié, organisé ou espéré. Une fois la fête des adieux terminée, les cadeaux déballés et quelques larmes essuyées, on rentre chez soi, déshabillé de son statut de travailleur, pour devenir Madame ou Monsieur X, retraité comme tous les autres, inutile à la société, malgré un immense capital d'expériences et de compétences à offrir et riche d'un nouveau capital temps à combler, mais avec des ressources plus restreintes. On peut

---

1. Certains témoignages sont partiellement inspirés et adaptés du forum de *Seniorplanet* : http://forum.notretemps.com. Les autres ont été carrément inventés à partir des réflexions ou des témoignages des participants aux ateliers que j'anime.

aussi se retrouver seul, plus seul qu'avant… ou à deux et constamment ensemble. Conscient aussi du temps qui passe et des limites qu'il imposera désormais à la santé, à la vitalité, à la capacité de plaire encore ou à celle de tout recommencer.

Cette rupture avec le passé est tellement déstabilisante que certains retraités ne parviennent jamais à rétablir totalement l'équilibre. Les autres intègrent graduellement ces changements à leur vie, sans pour autant se résigner ou renoncer à ce qui compte pour eux, depuis leurs besoins et leurs rêves jusqu'à leurs valeurs. Ils en profitent d'ailleurs pour rattraper les occasions perdues ou se forger une nouvelle vie à leur mesure : se lancer dans une nouvelle carrière, s'engager dans une nouvelle union, s'amuser, explorer, créer, retrouver leurs amours, leurs amis et leurs rêves de jeunesse, se refaire une santé, physique et psychologique, retourner aux études et apprendre encore. Mais ils peuvent aussi relever leurs manches pour s'engager dans leur communauté, aider les plus faibles et les démunis à revendiquer leurs droits, renforcer le pont entre les générations… et bien d'autres choses encore.

⯈ Comment percevez-vous la retraite ?

	Groupe 1	Groupe 2
Un effet positif sur ma vie.	90,8 %	77,8 %
Bien des changements et des bouleversements.	89,7 %	69,4 %
Un défi ; une opportunité.	75,9 %	80,9 %
Un passage très stressant.	22,1 %	19,5 %
Une perte ; une menace.	24,1 %	19,4 %

Adapté de « Les prédicteurs d'une adaptation réussie à la retraite », Gilbert Leclerc, 2002[1]

---

1. Leclerc, Gilbert. « Les prédicteurs d'une adaptation réussie à la retraite », *Vie et vieillissement*, vol. 1, n° 1, 2002, p. 21 à 26.

Retraités heureux

Le bien-être physique et psychologique d'une personne repose sur la satisfaction et l'équilibre de ses besoins fondamentaux de survie, de sécurité, d'amour, d'appartenance, d'estime et d'accomplissement. Pour montrer à quel point chacun de ces besoins est solidaire des autres, le psychologue Abraham Maslow[1] les a illustrés à l'aide d'une pyramide.

MASLOW ET LA HIÉRARCHIE DES BESOINS HUMAINS

Dès qu'un étage est affaibli, les besoins supérieurs peuvent difficilement être satisfaits et la pyramide risque de s'effondrer. Par exemple, une personne qui ne parvient pas à combler ses besoins d'amour et d'appartenance, ainsi que son besoin d'accomplissement, aura beaucoup de mal à maintenir son estime personnelle. Le stress et les sentiments négatifs (peine, sentiments d'isolement, d'inutilité…) qui en résulteront risquent alors de miner sa santé.

Satisfaire chacun de ces besoins est relativement facile ou accessible durant la vie active, mais une fois à la retraite, tous les étages de la pyramide risquent d'être affaiblis. La baisse de vitalité et les problèmes de santé, l'insécurité financière pour certains, les déménagements, les séparations et les deuils, la perte de certains amis, celle du réseau social et du statut liés à l'emploi et bien d'autres changements encore, qui accompagnent la retraite et le vieillissement, pourront entraîner des effets dévastateurs sur l'équilibre personnel.

Pour s'assurer une retraite heureuse et en bonne santé, il est donc impératif de mettre en place des dispositifs afin de répondre à chacun de ces

1. Maslow, Abraham. *L'accomplissement de soi. De la motivation à la plénitude,* Paris, Eyrolles, 2004.

   Cette représentation simple et pratique de la hiérarchie des besoins fondamentaux est, dans la réalité, bien plus complexe et surtout non statique ni figée. On pourrait ajouter une boucle récursive entre chacune des catégories pour montrer leur enchevêtrement et leur interdépendance. Des idéaux, des normes sociales élevées ou des valeurs supérieures peuvent aussi amener une personne à faire passer certains besoins bien avant les autres. Par exemple : l'estime de soi avant l'amour ; la créativité et l'art ou les idéaux politiques avant les besoins de survie et d'amour.

besoins, même si cela se fait différemment par rapport à la période précédente d'activité. C'est là tout l'intérêt de notre réflexion : la recherche de l'équilibre entre tous les besoins.

> **Hiérarchie des besoins fondamentaux**

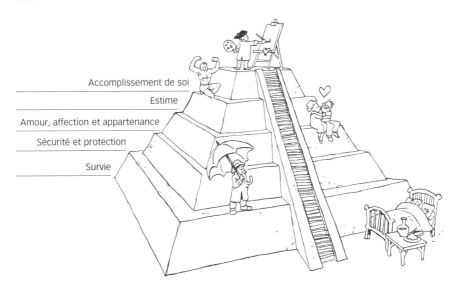

Accomplissement de soi
Estime
Amour, affection et appartenance
Sécurité et protection
Survie

Accomplissement de soi

Faire ce pour quoi on est compétent et doué ; être ce que l'on peut être ; mettre à contribution ses talents et son expertise ; rechercher de nouvelles compétences et de nouvelles connaissances ; créer, s'amuser, relever des défis, se dépasser ; résoudre des problèmes et aider les autres à résoudre les leurs ; contrôler son stress et aider les autres à contrôler le leur ; s'intéresser aux causes sociales.

Estime

Rechercher la performance, la puissance et le «pouvoir», l'indépendance et la liberté ; désirer avoir une bonne réputation et, aussi, obtenir des autres le respect, l'estime, la reconnaissance, l'attention, l'appréciation, la confiance.

Amour, affection et appartenance

Aimer et être aimé (famille, conjoint, amoureux, amis); ne pas être seul, rejeté et oublié; s'intégrer à des groupes (famille, association, organisme) et s'y sentir accepté, accueilli; partager ses expériences et ses connaissances.

Sécurité et protection

Vivre à l'abri des menaces et des dangers tels les problèmes environne-mentaux, les températures extrêmes, les crimes, les agressions, les actes de domination, les situations familiales intolérables. Mais aussi circuler librement et exprimer ses opinions; avoir un emploi stable et protégé (ou des revenus de retraite); posséder des biens et des objets, un compte en banque, de l'épargne et des assurances (santé, chômage, retraite, vieillesse); exercer un certain pouvoir sur l'environnement (y avoir sa place), pratiquer la religion ou adhérer à la philosophie de son choix et, ainsi, donner un sens à sa vie.

Survie

Respirer, manger, boire, éliminer, se reposer et dormir; se vêtir et s'abriter des intempéries; toucher et être touché, avoir des relations sexuelles, faire de l'exercice physique et intellectuel; se maintenir en bonne santé.

Pour chaque chapitre, vous pouvez faire votre propre analyse en vous reportant au «calepin copain» qui débute à la page 199.

UNE PYRAMIDE INVERSÉE

Dans nos sociétés industrialisées, environ 85 % des gens parviennent à combler totalement leurs besoins de survie et 70 % leurs besoins de sécurité, mais pas plus de 50 % n'arrivent à satisfaire leurs besoins d'amour, d'affection et d'appartenance, 40 % leur besoin d'estime de soi et seulement 10 à 15 % leur besoin d'accomplissement.

Or, une fois les besoins de base comblés (survie et sécurité), ceux-ci ne contribuent que dans une proportion de 15 % au bonheur d'une personne, alors que l'ensemble des autres besoins compte pour 85 %. Ce sont jus-tement ces besoins «supérieurs» que la retraite risque de faire disparaître.

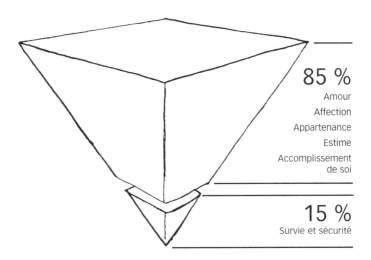

85 %
Amour
Affection
Appartenance
Estime
Accomplissement
de soi

15 %
Survie et sécurité

Après les illusions ou la déception : l'équilibre

«J'ai du mal à croire les gens qui disent s'être adaptés à la retraite sans passer par une période de spleen. Après un temps plus ou moins long pendant lequel on flotte comme sur un radeau, tout se met en place et l'avenir s'éclaire. La suite est plutôt intéressante.»

Les premiers mois ou les premières années de la retraite se déroulent généralement dans l'euphorie (**la grande illusion**), mais tous les retraités passent ensuite par une période de déception (**le grand chambardement**), plus ou moins longue et plus ou moins pénible, parfois imperceptible, durant laquelle ils commencent à douter des avantages de la retraite, tout en continuant, bien sûr, à apprécier leur liberté. Ce passage peut être comparé aux premiers temps d'une nouvelle union (la fameuse lune de miel!), de l'acquisition d'une nouvelle maison de rêve (à rénover!) ou de l'adoption d'un adorable petit chien. Tout semble parfait et sans défaut jusqu'au jour où la réalité refait surface, au point que certains remettent carrément en question leur choix.

Un sérieux examen critique s'impose alors.

Il en est ainsi pour la retraite. Après une période quasiment idyllique, libres comme le vent, occupés à ne rien faire ou emportés dans un tourbillon d'activités, tous ressentent l'urgence de repositionner leur vie sur tous les plans : activités, rythme de vie, relations avec le conjoint, réseau social. Il s'agit en fait d'une période de deuil du travail et de tout ce qu'il générait : sentiment d'utilité et d'appartenance, défis stimulants, statut et fierté de soi liés aux compétences, petites habitudes et complicités avec les collègues de travail. Tout cela avait été occulté par la période d'euphorie. Mais voilà que soudainement tout remonte à la surface et que mille et une questions surgissent : sur soi, son passé, sur l'avenir et sur le sens à donner désormais à sa vie.

ENTRE UNE TORNADE ET UN SIMPLE COURANT D'AIR

Tous ne vivront pas **le grand chambardement** de la même façon. Pour ceux qui se seront bien préparés, qui auront pu profiter d'une retraite progressive ou qui seront bien entourés, cette période sera courte, à peine un mois ou deux, presque imperceptible et vécue dans la joie. D'autres se trouveront au cœur d'une tornade (ou d'un ouragan) qui pourra durer deux ans et même plus, mais qui s'atténuera pour disparaître peu à peu. D'autres encore refuseront de négocier ce virage et vivront dans une insatisfaction perpétuelle dans laquelle les problèmes de santé et les conflits occuperont beaucoup de place (**la catastrophe**).

Ceux qui accepteront de se remettre en question (**la grande réflexion**) en sortiront gagnants (**la suite logique**). Malheureusement, certains se contenteront de regarder le train de la vie passer, un peu comme les spectateurs du match de la vie (**la voie de garage**).

Accepter de vivre à fond cette remise en question, cette période de deuil et de réflexion, sans se sentir coupable, puis tenter de négocier au mieux ces transitions permettra de repartir sur de nouvelles bases et d'atteindre l'équilibre. La qualité du travail fait sur soi, à ce moment-là, déterminera la qualité de vie par la suite. S'accorder tout le temps nécessaire avant d'établir de nouveaux objectifs et de se lancer dans de nouveaux projets est le plus beau cadeau qu'une personne puisse s'offrir.

La vie
professionnelle

La grande
illusion

Le jour J

Le grand
chambardement

La grande
réflexion

La voie
de
garage

La
catastrophe

La suite
logique

Vieillesse – Attente
65 % ?

Vieillesse – Succès
25 % ?

Vieillesse – Échec
10 à 15 % ?

CHERCHER L'ÉQUILIBRE : LES CHEMINS SOUVENT FRÉQUENTÉS

Dans son livre intitulé *Attitude d'un gagnant*[1], Denis Waitley distingue trois types de personnes d'après leur façon de jouer le grand jeu de la vie. Il s'agit des spectateurs, des perdants et des gagnants. Il semble y avoir un lien direct entre ces attitudes, bien avant la retraite, et les trois types de vieillesse indiqués ci-dessus : vieillesse – attente, vieillesse – échec et vieillesse – succès. Voici ce qu'écrit l'auteur :

Dans le jeu de la vie, trois types de personnes sont impliquées. D'abord les spectateurs. C'est la majorité : ils regardent la vie qui passe. Ils évitent d'entrer dans l'arène de peur d'être rejetés, ridiculisés, malmenés ou vaincus. Ils préfèrent ne pas se faire remarquer ni s'impliquer ; l'idéal

1. Waitley, Denis. *Attitude d'un gagnant,* Saint-Hubert, Un monde différent, 1982, p. 20.

serait pour eux de regarder tout ça à la télévision. Le pire, c'est qu'ils ont peur de gagner. Ce n'est pas tant la défaite qui les effraie, que la possibilité de gagner! En effet, la victoire implique des responsabilités, dont celle de donner un bon exemple. C'est trop dur pour eux. Alors, ils regardent faire les autres.

Ensuite, il y a un groupe énorme : les perdants. Nous ne voulons pas parler des millions d'affamés et de déshérités à travers le monde, mais bien des membres de notre société qui ne gagnent jamais parce qu'ils préféreraient ressembler à, s'habiller comme, s'assurer en tant que, gagner autant que, avoir une maison comme celle de, agir comme, ou être... quelqu'un d'autre. Vous repérerez toujours les perdants à leur façon d'envier les autres ou de les critiquer ; après tout, la misère n'aime pas la solitude. Par-dessus tout, vous les reconnaîtrez à leur façon de se rabaisser.

Enfin, il y a les gagnants. Cette minorité semble obtenir sans effort ce qu'elle veut de la vie, tout naturellement. Ils s'impliquent, tant au travail et à la maison que dans la communauté et la société. Ils se fixent et atteignent des buts qui profitent autant aux autres qu'à eux-mêmes. Peut-être le terme «gagner» vous semble-t-il artificiel, trop matérialiste, trop parfait. Ou nécessitant trop de chance ou trop de muscles. Mais gagner ce n'est rien de plus que de poursuivre l'accomplissement de son potentiel. Pas question de chance là-dedans, ni de marcher sur les autres ou de les ruiner.

En retrait ou en plein dans l'action ?

Diverses enquêtes[1] ont été menées auprès d'anciens travailleurs dans le but de déterminer quel genre de vie ils mènent à la retraite. Manœuvres,

---

1. Voir notamment : Guillemard, Anne-Marie. «Vieillesse, retraite et position dans les rapports sociaux», *Gérontologie*, n° 39, 1981, p. 32.

   Hétu, Jean-Luc. *Psychologie du vieillissement,* Montréal, Éditions du Méridien, 1992, p. 173 et 174.

   Hogue-Charlebois, Marguerite et Paris, Raymond. *Les nouveaux retraités,* Montréal, Fides, 1998.

travailleurs manuels, personnel de soutien, cadres supérieurs, tous ont été interrogés. L'expérience de la retraite est loin d'être la même pour tous. Les ressources financières, intellectuelles, culturelles et affectives, les épreuves du passé (maladies, accidents, deuils), la personnalité, les valeurs, la capacité d'adaptation et les conditions dans lesquelles le départ a eu lieu ont une influence sur la façon dont chacun vit cette nouvelle étape de son existence.

Il est fréquent aussi, et normal, de commencer sa retraite d'une certaine façon et de la poursuivre autrement. Passer, par exemple, des loisirs à l'engagement, de la solitude à une vie plus active, de la retraite consacrée uniquement à sa famille à l'absorption sociale. On peut aussi, bien sûr, vivre plusieurs types de retraite en même temps.

Ces parcours sont donc loin d'être figés pour toujours, et d'autant plus qu'avec l'arrivée massive des baby-boomers à la retraite, ce portrait classique des types de retraite devrait présenter considérablement moins de retraites «retrait» ou absorption sociale et nettement plus de retraites actives, engagement et revendication.

> **Différentes façons de vivre la retraite**

Situation	Description	Qui ?
Solitude	Les journées sont souvent tristes. On reste seul chez soi ou dans un centre d'hébergement, prisonnier de son environnement, loin des siens ou oublié.	Personnes seules, très âgées, dépendantes et en perte d'autonomie (beaucoup de femmes). Celles qui n'ont pas su rétablir l'équilibre à la retraite.

Situation	Description	Qui ?
Mort sociale	La survie biologique occupe toute la journée : manger, dormir, se laver, éliminer… Les autres activités et les projets d'avenir sont pratiquement inexistants.	Personnes peu scolarisées, peu autonomes et peu débrouillardes ou qui disposent d'un revenu bien maigre. Retraités malades ou usés par la vie. Cadres qui s'ennuient et se sentent inutiles.
Absorption sociale	Les journées se passent à écouter la radio, à lire les journaux et à regarder la télévision (pratiquement rien d'autre).	Surtout les personnes les plus âgées.
Loisirs et culture	Les loisirs et la consommation occupent le temps : vacances, voyages, sorties, spectacles, sports, cours, activités créatives…	Retraités privilégiés (financièrement, intellectuellement et socialement), en bonne santé, autonomes et ouverts à la nouveauté. Surtout les premières années de la retraite.
Famille	La famille avant tout : entraide, soins apportés aux parents âgés, réception des enfants, garde des petits-enfants, entretien de la maison… Peu d'activités sociales.	Surtout des femmes.
Continuité	Rien n'a vraiment changé depuis la retraite, à part l'augmentation du temps à consacrer aux activités et aux projets.	Ceux qui se sont bien préparés avant la retraite et qui avaient déjà plusieurs cordes à leur arc : connaissances, compétences, habiletés, passions, projets…

Situation	Description	Qui ?
Vie active	C'est l'aventure : nouvelle carrière, démarrage d'une entreprise, activités, services productifs.	Ceux qui veulent continuer à actualiser leur plein potentiel, qui désirent (ou doivent) améliorer leur situation financière ou qui souhaitent rattraper les occasions perdues.
Engagement ou revendication, ou les deux	Participation à la vie culturelle, sociale et politique. Engagement dans des mouvements de bienfaisance ou pour défendre des causes : droits de l'homme, des aînés, des retraités, des enfants, des animaux ou de l'environnement…	Ceux qui cherchent à actualiser totalement leur potentiel et à donner un sens à leur vie. Ceux dont les valeurs dominantes sont le partage, la solidarité, l'entraide, le don de soi…

✋ Quelques conseils

Parlez-en

Lorsque vous prendrez conscience que vous vous trouvez en plein cœur de la période de désenchantement (**le grand chambardement**), aussi courte soit-elle, vivez-la pleinement ! Ne cherchez pas à anesthésier vos émotions et ne prenez pas vos doutes pour de la faiblesse. Évitez les gens qui vous jugeront ou vous diront quoi faire. Si vous ne pouvez pas vous confier à vos proches, n'hésitez pas à consulter un spécialiste, psychologue ou *coach* de vie[1]. Et cela, même si vos bons amis vous affirment que les «psys», c'est seulement pour les malades ou que vous ne devriez pas vous plaindre alors que vous avez tout pour être heureux : le temps, l'argent, les loisirs et la liberté.

---

1. Un *coach* de vie est une sorte d'hybride de psychologue, d'entraîneur, de mentor et de fan de ses clients. Il les aide à surmonter des passages difficiles de la vie.

Analysez votre façon habituelle de réagir

Pour vous faire une idée de la façon dont vous vous adapterez à la retraite, puis, par la suite, au vieillissement, effectuez un retour en arrière. Remémorez-vous, par exemple, comment vous avez réagi à toute une série de pertes : premier amour, animal domestique, emploi, idéaux parentaux, vente de la maison familiale, décès de vos parents ou constat de vos limites personnelles. Souvenez-vous aussi de vos réactions lorsque vous avez été malade ou avez dû faire face à des problèmes importants ou à des accidents. Il y a de fortes chances que vous réagissiez de la même manière à la retraite. En résistant comme un canot qui vogue à contre-courant ? En anesthésiant vos émotions ? En vous accrochant aux autres ? Ou, plutôt, en saisissant l'occasion pour vous dépasser ?

Une fable inspirante

Procurez-vous *Qui a piqué mon fromage ?*, cette petite fable[1] inspirante qui a fait le tour de la planète et qui montre combien il est facile d'anticiper le changement, de le dédramatiser et même de s'en réjouir. Les quatre personnages, les souris Flair et Flèche et les petits hommes, les «minigus», Polochon et Baluchon, représentent quatre façons bien particulières de réagir aux changements, en fait, quatre facettes de notre personnalité. Dès qu'un changement survient, les souris sont prêtes à en profiter pour se dépasser, alors que les minigus accusent tout le monde de leur avoir enlevé ce qui leur est dû et cherchent à retrouver rapidement leur confort et leurs petites habitudes. Le changement, c'est la retraite, mais ce peut être aussi le travail, l'amour du conjoint, la santé, la prospérité et les biens matériels.

Une retraite progressive, si possible

Si vous le pouvez, prenez une retraite progressive quelques mois et même un an avant de partir définitivement. En travaillant seulement quelques jours par semaine, vous vous désengagerez progressivement de votre travail

---

1. Johnson, Spencer. *Qui a piqué mon fromage ?*, Neuilly-sur-Seine, Michel Lafon, 2000.

tout en vous «entraînant» à la retraite. Vous partirez alors le cœur plus léger, avec des projets déjà en route. Votre adaptation en sera facilitée. Partez de préférence au moment où vous prenez habituellement vos vacances, mais évitez de le faire en pleine grisaille de l'hiver !

N'annoncez pas la bonne nouvelle trop tôt

Si vous êtes gestionnaire, n'annoncez pas votre départ trop tôt, car les décisions que vous prendrez, surtout les plus difficiles, risqueront d'être évaluées avec suspicion par vos employés. «Bien sûr, il peut prendre ce risque puisqu'il ne sera plus là pour en assumer les conséquences.» Quant à votre employeur, il hésitera certainement à vous confier des dossiers chauds ou passionnants. On ne vous traitera plus comme le gestionnaire efficace et apprécié que vous avez toujours été, mais on vous parlera comme à un re-traité, c'est-à-dire avec tous les préjugés associés à ce nouveau statut. Le temps risque alors de vous sembler bien long jusqu'au jour de votre départ !

Profitez-en au maximum, mais laissez-en pour les autres

Il ne suffit pas, pour réussir sa retraite et être heureux, de se désengager de ses responsabilités liées au travail, de prendre du bon temps en com-pagnie de sa famille et de ses amis, de se préoccuper de sa santé physique et psychologique ou de l'état de ses finances. Même si vous avez gagné tout cela à la sueur de votre front, il serait presque indécent de vous replier tota-lement dans votre vie privée, dans votre bulle, en cette période de profonds bouleversements socio-économiques où tous, ou presque, s'inquiètent à propos de l'impact qu'aura l'arrivée massive des baby-boomers à la retraite sur les finances publiques, les régimes de retraite, les soins de santé et les programmes de sécurité sociale. Il est donc essentiel, voire indispensable, que chacun s'efforce d'équilibrer ses propres valeurs de retraite réussie (son bien-être personnel) avec des valeurs d'équité entre les générations (le bien-être collectif). Sinon, personne ne pourra reprocher aux plus jeunes de s'engager dans une guerre des générations et de reléguer leurs aînés aux oubliettes, par tous les moyens et dans tous les domaines.

À propos du baby-boom

« Tout ce que je lis et entends à propos de notre génération, les baby-boomers de la première vague, m'inquiète et m'attriste. Nous serions non seulement omniprésents, mais aussi opportunistes, égoïstes, nombrilistes, centrés sur nos propres intérêts et indifférents au fardeau économique que nous constituerons pour les générations à venir. Et j'en passe ! Il me semble pourtant que nous méritons mieux que cette caricature. »

Le baby-boom s'étend approximativement des années 1945 à 1966. De nombreuses études ont été menées sur ce phénomène, notamment par les spécialistes du marketing[1] qui y voient une véritable manne.

Ces études montrent notamment que **les baby-boomers de la première vague,** nés entre 1945 et 1960, et plus particulièrement les « rebelles » (1945-1953), ceux qui arrivent aujourd'hui à la retraite, privilégient des valeurs telles que l'honnêteté, le travail, le respect, la famille et l'éducation, ainsi que la réussite et la liberté. Ce sont de fervents défenseurs de leurs droits, des droits humains et de l'égalité des chances. L'environnement les préoccupe, mais pas… ce que l'on pense d'eux, car ils sont conscients du pouvoir et du poids de leur nombre. Cette génération serait aussi tout particulièrement allergique à l'autorité sous toutes ses formes, notamment à celle des institutions traditionnelles.

Nés après 1960, **les baby-boomers de la deuxième vague** seraient inquiets principalement à propos de leur avenir. Ils craignent notamment de manquer d'argent lorsqu'ils arriveront à la retraite à leur tour. Leurs valeurs dominantes semblent être le devoir à l'égard de la famille, des enfants et des démunis. Les plus jeunes d'entre eux sont davantage individualistes, solitaires

1. Voir notamment : Chauvel, Virginie. *Pensez à vos seniors avant qu'ils ne vous oublient,* mémoire, DES (UFR SEGMI), Université de Paris X Nanterre.

Desfossés, Sylvain. *Le marketing générationnel au Québec,* Montréal, 50+ Communication-marketing, 2002, Document interne non publié.

Et les sites web: www.leseniormarketing.com, www.senioragency.fr, www.lemarchedesseniors.ca

et cyniques à l'égard des gouvernements. Ils envient aussi le sexisme inversé en faveur des femmes, mais aussi tous les privilèges que leurs aînés ont su négocier : salaires élevés, régimes de retraite, d'assurances…

Quant aux enfants des baby-boomers, on les dit plus souples et plus pragmatiques que leurs parents et plus à l'aise qu'eux avec le changement. Ils ont appris à vivre dans l'incertitude financière et professionnelle et accordent donc beaucoup d'importance tout d'abord à leur famille, puis à leur travail. Cette génération fortement scolarisée est, en grande partie, sage, morale et raisonnable, concernée par l'environnement, la cause des démunis, celle des enfants malades… C'est aussi la génération la moins nombreuse de l'histoire, contrairement à celle de leurs parents qui est la plus nombreuse.

De leur côté, les parents des baby-boomers privilégient des valeurs telles que la famille, l'altruisme (le bonheur des autres), l'histoire et les traditions, le patriotisme et la religion, le respect d'autrui et le devoir, le conformisme et l'ordre social, ainsi que l'épargne, l'effort et le courage.

Ils se demandent d'ailleurs souvent pourquoi leurs baby-boomers d'enfants ont rejeté la plupart de ces valeurs qui apporteraient pourtant un peu plus de stabilité dans leur vie.

Une santé à toute épreuve

Certains spécialistes croient que l'arrivée massive des baby-boomers à la retraite fera exploser les régimes de retraite et de santé. En ce qui concerne la santé, nombre d'experts croient plutôt que les dépenses resteront stables puisque les maladies invalidantes apparaissent de plus en plus tard et que la période durant laquelle les personnes âgées se verront privées de leur autonomie avant de mourir sera de plus en plus courte. Aussi, à n'en pas douter, les baby-boomers seront en meilleure santé que leurs prédécesseurs, grâce, notamment, à une alimentation plus saine, à une vie plus active et à des mesures préventives.

Le prochain chapitre propose quelques pistes pour préserver et même renforcer son capital santé à la retraite : capital physique, psychologique et énergétique.

Votre vie est-elle en équilibre ?

Où vous situez-vous, aujourd'hui, pour chacun des éléments suivants ?

(1) Ça va bien – (2) À améliorer – (3) À reconstruire

Les éléments de l'équilibre	1	2	3
Santé physique et psychologique : habitudes de vie, vitalité, résistance au stress, bien-être général (chapitre 2).			
Argent et biens matériels pour la retraite : maison, épargnes, sécurité (chapitre 3).			
En solo : seul, mais pas seul au monde, bien entouré, occupé agréablement, vie équilibrée, solitude bien acceptée (chapitre 4).			
Couple : communication, confiance, complicité, sexualité, activités... (chapitre 4).			
Famille : relations harmonieuses, affection, entraide et soutien (chapitre 4).			
Amis : réseau stable, non conflictuel, positif, aidant (chapitre 4).			
Personnalité et valeurs fondamentales : vous pouvez facilement les définir et affirmer que votre vie est en accord avec elles (chapitre 5).			
Estime personnelle : vous êtes satisfait de votre choix de vie, de vos compétences. Vous avez appris à accepter vos limites personnelles (chapitre 5).			
Activités et travail (ils vous permettent de vous accomplir pleinement) : talents, habiletés, compétences, engagement dans votre communauté (chapitre 5).			

Chapitre 2

L'équilibre physique et psychologique

«Depuis qu'au travail je suis seule à assumer la tâche de deux personnes, je suis débordée. Je suis seule aussi à m'occuper de mes vieux parents. Il me reste alors peu de temps pour m'occuper de moi. Je mange mal, vite et souvent n'importe quoi. J'ai pris du poids et je fais un peu d'hypertension. Je suis tellement fatiguée et si souvent à bout de nerfs que mon médecin a dû me prescrire un antidépresseur. Bien sûr, je n'en ai pas parlé autour de moi! Je ne sais pas comment je vais tenir le coup jusqu'à ma retraite.»

Il n'est pas inutile de le répéter et de le répéter encore : la santé, physique et psychologique, constitue le capital le plus précieux dont une personne dispose, car elle lui procure la force et la vitalité nécessaires pour actualiser son plein potentiel, s'adapter aux changements, lutter contre le stress et conserver son autonomie le plus longtemps possible.

Bien des gens attendent pourtant d'être à la retraite pour «se refaire une santé» et pour réduire le stress qu'ils ont accumulé au travail. Ils ont tort! Non seulement les bonnes habitudes de vie ne se prennent pas sur un simple claquement de doigts (c'est le travail de toute une vie !), mais aussi tous les changements à effectuer et les décisions importantes à prendre au moment de quitter leur ancienne vie pour organiser la nouvelle accroîtront leur stress. En outre, malheureusement, la retraite arrive en même temps que l'accélération du processus normal de vieillissement avec son cortège de désagréments et, parfois, de maladies.

Une bonne préparation à la retraite commence donc par la réduction des facteurs de stress, bien avant de partir, ainsi que par la préservation et l'enrichissement du capital santé. Ce chapitre propose quelques moyens d'y parvenir.

Espérance de vie en bonne santé

L'espérance de vie humaine ne cesse d'augmenter. Il devient donc possible, une fois à la retraite, de disposer d'une bonne vingtaine d'années en assez bonne santé pour mener à terme les projets et les désirs qui nous tiennent à cœur ou pour rattraper les occasions perdues avant de se désengager progressivement.

Voilà donc une bonne nouvelle ! La mauvaise nouvelle étant la différence de 10 à 14 ans entre l'espérance de vie réelle et l'espérance de vie sans limitation d'activités (la qualité de vie). Au Canada[1], par exemple, en 1996, l'espérance de vie sans limitation n'était que de 70,2 ans pour les femmes et de 66,9 ans pour les hommes, alors que l'espérance de vie réelle était respectivement de 81,2 ans et de 75,4 ans.

On peut donc croire que ces années gagnées sur la mort sont beaucoup plus redevables aux fantastiques avancées de la médecine et aux meilleures conditions d'hygiène qu'aux saines habitudes de vie de la plupart d'entre nous. Bien des gens se soucient en effet davantage des fluctuations de leur compte en banque, des petits problèmes de leur maison ou des performances de leur voiture que des fluctuations de leur niveau d'énergie vitale, de leurs problèmes de santé ou des performances de leur petit moteur personnel. Pour la plupart,

---

1. Statistique Canada : www.statcan.ca

nous courons comme des fous, mangeons comme des ogres, fumons comme des cheminées d'usine, marchons comme des tortues, fuyons les exercices et pensons comme des méchants.

La preuve ? Malgré toutes les campagnes visant à inciter les gens à mieux manger et à faire de l'exercice, 35 % des hommes et 27 % des femmes nord-américains sont obèses (48 % des Canadiens dépassent leur poids santé). Or, il est reconnu qu'un excès de poids[1] peut multiplier le risque de souffrir d'hypertension (deux fois), d'arthrose (deux ou trois fois), de diabète (deux à cinq fois), de cholestérol (cinq fois) et de problèmes cardiaques (chez 80 % des femmes obèses, par exemple).

Un autre exemple ? Près de 15 % des Français (un sur sept)[2] consomment des médicaments psychotropes, c'est-à-dire des somnifères, des antidé-presseurs, des tranquillisants ou des excitants (ce taux est 40 fois supérieur à celui des Américains). Or, en agissant sur le système nerveux, les psycho-tropes modifient non seulement l'humeur d'une personne mais aussi sa conscience, ses comportements et ses perceptions. Comment, alors, peut-on être soi-même, réaliser ses rêves et se forger une vie sur mesure quand la perception de soi et du monde est gouvernée par des médicaments ?

TROUVER LE JUSTE ÉQUILIBRE

Une impressionnante augmentation

En France[3] entre 1990 et 2001, les dépenses de médicaments, par per-sonne, ont augmenté de 63 %. En comparaison, elles ont augmenté de 28 % en Italie et de 17 % en Allemagne.

Au Canada, si la dépense publique[4] annuelle en matière de santé et de services sociaux par personne est inférieure à 2 000 $ avant l'âge de 65 ans,

1. Thibodeau, Raymond D[r]. *Dites-moi, docteur…*, Montréal, Les Éditions de l'Homme, 1996.

2. Servan-Schreiber, David. *Guérir,* Paris, Robert Laffont, 2003.

3. Mola, Giancarlo. *L'Europe cherche des remèdes pour freiner ses dépenses de médicaments,* www.lemonde.fr, édition du 21 février 2004.

4. Meney, Florence. *Le Canada prend des rides,* Radio-Canada, février 2002, www.radio-canada.ca.

elle grimpe ensuite peu à peu jusqu'à 6 000 $, pour atteindre 10 000 $ à 80 ans et 16 000 $ après 85 ans.

Aussi, en 1999[1], les personnes âgées de 40 à 59 ans ont été responsables de 52 % des 22 millions de visites supplémentaires effectuées dans les cabinets de médecins. L'hypertension artérielle est la maladie qui a connu la plus forte augmentation.

Faire autrement

Mais nous savons aussi qu'une vie saine et stimulante peut renverser le cours des choses, ralentir le vieillissement et réduire considérablement la consommation de médicaments. En s'entraînant toute sa vie, une femme âgée de 75 ans peut avoir une meilleure capacité respiratoire, circulatoire et cardiaque qu'une personne inactive dans la trentaine.

Après[2] seulement trois mois d'exercices avec poids et haltères, des hommes âgés de 87 ans à 96 ans ont pu tripler le poids qu'ils soulevaient habituellement avec leurs jambes. Perdre 10 kg (en trop) peut faire baisser la tension artérielle de 26 mm de mercure. Parcourir à pied, chaque semaine, entre 30 et 40 km peut réduire de 36 % le risque de maladie cardiovasculaire. Les exemples sont infinis !

▶ **Espérance de vie à la naissance (en années)[3]**

Pays	Femmes	Hommes	Pays	Femmes	Hommes
Belgique *(2003)*	80,8	74,4	Inde *(2002-2005)*	64	63
Brésil *(2000-2005)*	72	64	Japon *(2003)*	84	77

---

1. IMS-health : www.imshealth.com
2. Thibodeau, Raymond D[r]. *op. cit.*, p. 22.
3. Sources : www.seniorscopie.com et www.credes.com

Pays	Femmes	Hommes
Canada (2003)	81,7	76,3
États-Unis (2003)	79,4	73,9
France (2002)	82,9	75,6

Pays	Femmes	Hommes
Madagascar (2002-2005)	54	52
Québec (1996)	81	74,6
Suède (2003)	81,9	77,1
Suisse (2003)	82,5	76,8

Dans plusieurs pays, l'espérance de vie des hommes augmente maintenant au même rythme que celle des femmes. En France, par exemple, entre 1990 et 1999, les hommes ont gagné 28 mois et les femmes 18. Depuis deux ans, les gains sont identiques pour les deux sexes.

UNE RESPONSABILITÉ À ASSUMER

Il incombe donc à chacun de prendre sa santé en main : se renseigner, lire, demeurer attentif aux moindres symptômes suspects, faire souvent le bilan de ses habitudes de vie et de ses attitudes face à la vie afin d'y apporter rapidement les correctifs qui s'imposent et, bien sûr, consulter son médecin régulièrement. Changer de médecin si le sien ne prend pas le temps de l'écouter ! Cette prise en charge individuelle de sa propre santé constitue d'ailleurs l'un des principaux facteurs de longévité puisqu'elle pourrait allonger la vie de plus de… 30 ans ! On peut probablement attribuer une partie du rattrapage des hommes en termes de longévité au fait qu'aujourd'hui ils acceptent plus facilement de consulter, bien avant que de simples symptômes ne se transforment en maladie.

Retraite, stress et santé

Le stress est la façon dont l'organisme réagit à toutes les sollicitations dirigées contre lui afin d'établir ou de rétablir l'équilibre indispensable à la survie. Ces sollicitations sont infinies et peuvent être physiologiques, physiques ou psychiques; elles peuvent être positives ou négatives, normales ou anormales, attendues ou inattendues! En voici quelques-unes : transformations chimiques du métabolisme (digérer et éliminer, par exemple), variations climatiques (canicule ou froid intense, par exemple), activités quotidiennes, plaisirs et tracas, surcharge ou manque de travail, sports, loisirs et excès divers, blessures, maladies et accidents, grossesse, allergies, bruits, pensées et émotions positives ou négatives, grandes joies et grandes peines, conflits et mésententes, trac du sportif ou de l'artiste, promotions et honneurs, déménagement, vacances, mariage, deuil, attente des résultats d'un examen médical et, bien sûr, départ à la retraite.

À petite dose, le stress est indispensable puisqu'il apporte l'énergie, la vitalité et la résistance nécessaires pour faire face au quotidien, accepter le changement avec souplesse et donner le meilleur de soi-même : motivation, efficacité, créativité, perception claire des choses et envie d'exploiter son plein potentiel. C'est seulement lorsque le stress s'accumule ou, surtout, lorsqu'il est incessant que l'organisme ne parvient plus à récupérer et à maintenir l'équilibre. l'organisme risque alors de s'affaiblir et la santé peut être affectée.

Si le départ à la retraite est bien préparé et bien planifié, s'il est bien accepté, pris comme une récompense, par exemple, et si des problèmes financiers ne viennent pas contrecarrer les projets, les effets du stress se feront alors peu sentir. Mais les choses ne se passent pas toujours aussi bien lorsque, par exemple, le départ représente une solution au chômage ou s'il s'effectue dans un contexte de déception et d'amertume. Le stress des difficultés personnelles peut aussi s'ajouter à celui du départ à la retraite : épuisement professionnel dû à une surcharge de travail, responsabilités familiales, divorce, maladie, deuil, santé chancelante, difficultés financières…

L'absence de stress, de stimulation physique, mentale et intellectuelle, peut toutefois être aussi nocive qu'un excès. Sans projets, sans activités, ou si ceux-ci sont trop monotones ou trop faciles au regard des compétences, l'ennui, la fatigue, l'absence de motivation, l'apathie, puis la dépression finissent par prendre toute la place. C'est ce qui arrive souvent aux chômeurs, aux personnes isolées et malades et aux retraités inactifs.

LES EFFETS DU STRESS SUR LE COMPORTEMENT ET LA SANTÉ

Les effets courants
- Impatience, irritabilité;

- Manque de flexibilité dans les relations;

- Baisse de la concentration et de la mémoire;

- Difficulté à prendre des décisions;

- Baisse de la productivité et de la créativité;

- Hyperactivité sans efficacité;

- Fatigue;

- Perte d'intérêt pour la vie et l'entourage;

- Tendance à s'isoler;

- Dépression;

- Migraine;

- Insomnie;

- Douleurs et tensions musculaires (cou, épaules, dos, jambes);

- Problèmes intestinaux (diarrhée, constipation);

- Infections virales à répétition;

- Problèmes cutanés (psoriasis, eczéma);

- Troubles de l'appétit;

- Augmentation de la consommation d'alcool.

Lorsque le stress est permanent
- Ulcères de l'estomac;

- Déclin des facultés intellectuelles;

- Affaiblissement du système immunitaire;

▶ Problèmes cardiovasculaires : augmentation du rythme cardiaque et de la tension artérielle, artériosclérose, angine, accident vasculaire cérébral, infarctus ;

▶ Cancers.

QUE VOUS APPRENNENT VOS TENSIONS ?

Les tensions physiques traduisent souvent des tensions mentales et psychologiques.

▶ Si vous avez mal aux épaules, demandez-vous si vous n'êtes pas débordé par vos responsabilités familiales et professionnelles.

▶ Si vous marchez le dos voûté, le poids de vos responsabilités est probablement trop lourd à porter.

▶ Votre cou est raide ? Craignez-vous de ne pas vous en sortir (ennuis, projet, travail) ? Qu'est-ce qui peut bien vous accabler à ce point ?

▶ Si c'est votre nuque qui est raide, vous vous inquiétez probablement trop de l'opinion des autres.

▶ Si vos tensions se logent surtout dans les jambes et les pieds, vous ne savez probablement pas quelle position prendre dans une situation particulière ; vous ne savez pas sur quel pied danser ou comment avancer.

Pas tout en même temps !

Lorsqu'ils planifient leur départ à la retraite, puis dès qu'ils y sont parvenus, la majorité des retraités se lancent dans mille et une activités et mille et un projets : rénover la maison, la réaménager, faire un grand ménage ou carrément déménager, entreprendre un long voyage, s'engager dans des activités sociales et culturelles, faire du bénévolat, suivre des cours, pratiquer leur sport favori à temps complet (ou presque), donner un coup de main à leurs amis, organiser des fêtes de famille et bien d'autres choses encore. Cette abondance de plaisirs et de nouveautés peut, malheureusement, occasionner quelques problèmes de santé associés au stress. Voici pourquoi.

En 1960, deux médecins américains, Thomas Holmes et Richard Rahe[1], en collaboration avec leurs patients, sont parvenus à associer un degré de stress (les unités de changement de vie ou UCV) à chacun des principaux événements (changements) qui jalonnent l'existence. Ils ont également déterminé un seuil au-delà duquel la santé peut être affectée.

Pour estimer notre propre risque, le calcul est simple : il suffit d'additionner les UCV de tous les changements survenus dans notre vie durant les 12 derniers mois. Si le total des UCV se situe entre 150 et 199, le risque de souffrir de divers problèmes de santé dans l'année qui suit est de 37 %, alors qu'entre 200 et 299, ce risque est de 51 %. Au-delà de 300 UCV, dans 79 % des cas, les petits problèmes de santé peuvent se transformer en maladies, parfois graves.

Heureusement, plusieurs facteurs peuvent atténuer les effets du stress : la personnalité, bien sûr, mais aussi la capacité d'adaptation, le soutien de l'entourage, le mode de vie (alimentation, exercices, humour, activités), ainsi que quelques techniques de relaxation. Il est aussi plus facile et plus rapide de récupérer d'un stress positif ou d'un stress occasionnel que d'un stress négatif, continu ou incontrôlable.

> ### ▶ L'échelle Holmes/Rahe

Événements/changements	UCV
Décès d'un enfant.	*
Décès du conjoint.	100
Divorce.	73
Séparation ou éloignement du conjoint.	65
Emprisonnement.	63

* Le décès d'un enfant n'est pas inclus dans l'échelle Holmes/Rahe, mais des études et des témoignages de parents accordent à cet événement traumatisant autant et même plus d'importance que le décès du conjoint.

1. Holmes, Thomas et Rahe, Richard H. « The social readjustment rating scale », *Journal of psychosomatics Research,* vol. 11, n° 2, août 1967, p. 213 à 218.

Événements/changements	UCV
Décès d'un parent proche.	63
Maladie ou blessure personnelle grave.	53
Mariage.	50
Perte de l'emploi.	47
Réconciliation familiale.	45
Départ à la retraite.	45
Maladie grave d'un proche.	44
Grossesse.	40
Difficultés et problèmes sexuels.	39
Nouvel enfant dans la famille (naissance).	39
Changements professionnels/Nouvel emploi.	39
Modification importante du statut social.	38
Modification de la situation financière.	38
Décès d'un ami intime.	37
Changement de carrière ou de poste de travail.	36
Disputes avec le conjoint.	35
Crédit ou hypothèque élevés.	31
Remboursement/Emprunt ou hypothèque.	30
Modification des responsabilités professionnelles.	29
Départ d'un des enfants.	29
Conflit avec les proches du conjoint.	29
Succès personnel éclatant.	28
Début ou fin de l'emploi du conjoint.	26
Début ou fin des études.	26
Changement/Abandon des habitudes personnelles.	24
Difficultés ou conflit avec un supérieur.	23
Modification des conditions de travail (horaires...).	20
Déménagement.	20
Changement d'école.	20
Changement de loisirs ou de fréquence.	19
Modification des habitudes religieuses.	19
Modification des activités sociales ou politiques.	18
Souscription d'un petit emprunt.	17
Changement des horaires de sommeil.	16
Modification du nombre de réunions familiales.	15

Événements/changements	UCV
Modification des habitudes alimentaires.	15
Voyages ou vacances.	13
Noël.	12
Infraction mineure à la loi.	11
Événement mineur.	11

Si certains événements importants pour vous ne figurent pas dans cette liste, ajoutez-les en leur accordant une valeur approximative par comparaison. Voici quelques exemples : conflit avec des amis ou des collègues, perte de l'animal domestique, ménopause ou andropause, événements irritants (environnement bruyant, problèmes avec la voiture ou la maison), rénovations, retour à la maison d'un enfant adulte en difficulté (enfants boomerangs), variations climatiques (canicule, froid intense), allergies, gains fabuleux à la loterie, accidents, vol à main armée, cambriolage…

Personnalités en danger

TROIS TYPES DE PERSONNALITÉ

Les chercheurs[1] ont défini un type de personnalité plus vulnérable aux effets du stress que les autres. Ils l'ont nommé le type A, par opposition au type B, « le gars bien dans sa peau », et au type C, « le faux calme ». Il n'existe toutefois pas de personnalités totalement A, B ou C.

▶ **Le type A est un fonceur.** Très motivé et constamment actif, il est habité en permanence par un sentiment d'urgence qui le rend souvent impatient, irritable et agressif. Très combatif et compétitif, tout est occasion pour lui de relever des défis et de gagner. Il a toujours mille et un projets en chantier et bien des échéances à respecter. Il manque alors de temps pour ses loisirs

---

1. Voir notamment Meyer, Friedman et Rosenman, Ray H. *Type A behavior and your heart,* New York, Alfred A. Knopf.

et sa famille. Énergique et affirmé, acharné et productif au travail, admiré et respecté pour ses qualités de meneur et ses réalisations, il refuse aussi toute faiblesse. Il gagne souvent plus d'argent que les autres, mais il court aussi un plus grand risque de faire une crise cardiaque.

➤ **À l'opposé, le type C est un faux calme** qui excelle dans l'art d'intérioriser sa nervosité et de cacher son stress et sa souffrance. Il essaye de les maîtriser à tout prix, sans y parvenir la plupart du temps. Le type C semble plus calme que les autres, mais il court aussi un plus grand risque de souffrir de dépression.

➤ **Le type B représente le compromis idéal entre le type A et le type C.** Facile à vivre, bien dans sa peau et compétent, il respecte beaucoup les autres et ne cherche pas à les écraser ou à les surpasser. La compétition et la reconnaissance sociale l'attirent peu. Actif physiquement, il s'accorde des périodes de loisirs et parvient très bien à équilibrer sa vie familiale et sa vie professionnelle.

Laquelle de ces trois personnalités s'adaptera le mieux à la retraite ? Laquelle la vivra très certainement heureuse et en bonne santé ? Le type B, bien sûr !

Il y a quelques années, d'ailleurs, la revue américaine *Fortune* révélait que la majorité des 500 dirigeants des plus grandes entreprises américaines étaient des personnalités de type B, soit, théoriquement, moins entreprenants et moins compétitifs que les autres !

LES ÉMOTIONS DANGEREUSES

Je me mis alors à tenir un petit carnet, j'y notais mes pensées de la journée. Après seulement deux jours, il me fallut acheter un carnet plus grand ; il fut rempli au bout d'une semaine. La quantité et la négativité presque générale de mes processus mentaux me stupéfia. Par ce moyen, je devins plus conscient de mon bruit mental, comme si j'avais augmenté le volume sonore de mes pensées qui n'avaient constitué, auparavant, qu'une musique de fond. Pensées délirantes, désordonnées, stupides : sentiments de culpabilité, peurs, désirs – du bruit. Même dans le sommeil, la bande assourdissante de mes rêves agressait mes oreilles. J'étais en prison! Comment baisser le volume? (Dan Millman. Le guerrier pacifique[1])

Bien des pensées négatives...

À peu près 90 000 pensées jaillissent chaque jour dans notre esprit. La plupart d'entre elles sont négatives, pessimistes ou tristes. Or, nous savons, aujourd'hui, que les idées noires, la colère, la déception, l'insatisfaction chronique, l'anxiété, la culpabilité, le pessimisme et le sentiment d'isolement (se sentir rejeté, oublié, exclu) sont aussi toxiques pour la santé que le fait de fumer. À elle seule, la tristesse provoque une dramatique chute d'énergie.

Nous savons aussi que les personnes colériques souffrent plus fréquemment de problèmes cardiaques et que chaque querelle et chaque conflit affaiblissent le système immunitaire pour plusieurs heures, parfois pour une journée entière. Pour leur part, les personnalités hostiles (environ 20 % des gens), portées continuellement à la colère (exprimée ou non), sont d'après Dorothy Foltz-Gray[2] deux fois plus susceptibles de faire une crise cardiaque que les personnalités tranquilles (20 %). Aussi, les femmes irritables souffrent quatre fois plus souvent d'un excès de poids et d'un taux de cholestérol élevé que leurs consœurs au tempérament plus calme.

Des études ont montré que si l'on répond à la détresse émotionnelle des gens et si on les aide à mieux maîtriser leurs émotions, non seulement ils peuvent guérir plus rapidement lorsqu'ils sont malades, mais leur risque de récidive, dans le cas de crises cardiaques par exemple, est considérablement réduit.

Les deux exemples suivants sont frappants[3]:

---

1. Millman, Dan. *Le guerrier pacifique*, Chêne-Bourg, Vivez Soleil, 2003, p. 76 et 77.
2. Foltz-Gray, Dorothy. «Du calme, du calme!», *Sélection*, vol. 112, n⁰ 667, janvier 2003, p. 97.
3. Gauthier, Janel. «L'intelligence émotionnelle», *Interface*, revue de l'Association canadienne pour l'avancement des sciences, vol. 20, n⁰ 2, janvier/février 1999, p. 28 à 38.

Des patients cardiaques ont appris à maîtriser leur colère et ils ont pu réduire de 44 % leur risque de faire une seconde crise.

Des patients hospitalisés à la suite d'une fracture de la hanche ont suivi une psychothérapie, en plus des traitements de physiothérapie habituels, et ils ont pu sortir de l'hôpital deux jours plus tôt que prévu. Ce qui représente une économie de plus de 1 000 $ pour chacun d'eux. L'avantage n'est pas que financier ; il relève donc aussi de l'éthique.

La santé : un capital à gérer avec autant d'ardeur que ses finances

Il est toujours étonnant de constater à quel point deux personnes du même âge, sans problèmes majeurs de santé, peuvent être différentes l'une de l'autre. À 60 ans, l'une semble jeune, vive, alerte, active, alors que l'autre a l'air d'un petit vieux éteint.

Ce qui distingue ces deux personnes, c'est leur âge biologique. L'âge biologique est l'âge réel de l'organisme, alors que l'âge chronologique est celui de la date officielle de naissance. L'âge biologique dépend non seulement de l'hérédité, des accidents de parcours et du processus normal de vieillissement, mais aussi des habitudes de vie et des attitudes face à la vie. L'âge biologique peut donc être inférieur à l'âge chronologique ou, au contraire, lui être bien supérieur.

La différence entre les deux équivaut à la valeur nette du capital santé. Un placement bien utile pour la retraite !

Pour trouver les meilleurs moyens de préserver ou d'accroître son capital santé, il faut commencer par prendre connaissance des principaux effets du vieillissement normal sur l'organisme et de leurs risques pour la santé. Il suffit ensuite d'adopter les stratégies les plus efficaces pour les prévenir, les réduire et, dans une certaine mesure, les contourner.

Le tableau qui suit fait un inventaire de ces principaux effets, risques et stratégies. La majorité des stratégies sont d'une simplicité désarmante : saine alimentation, exercices physiques quotidiens, sommeil de qualité, attitude positive et optimiste, calme et relaxation, vie affective et intellectuelle stimulante… À vous de jouer !

▶ **Des stratégies pour rester jeune…**[1]

Systèmes et organes affectés par le vieillissement	Effets et risques	Stratégies
Perte de puissance du cœur. Diminution du diamètre et de l'élasticité des artères (artériosclérose).	Moins bonne résistance du cœur au stress et à l'effort. Réduction du débit sanguin. Augmentation de la pression artérielle.	Se relaxer et réduire les facteurs de stress. Exercices physiques (ils réduisent l'hypertension de 8 à 10 %). Alimentation réduite en sel. Maintien du poids santé. Bannir la cigarette.
Baisse de l'ampleur de la cage thoracique (ostéoporose des côtes et atrophie des muscles respiratoires).	Diminution de la capacité pulmonaire. Moins bonne oxygénation. Respiration moins profonde et souffle plus court.	Exercices quotidiens de respiration profonde. Sortir au grand air.
Diminution de 50 % du poids des muscles entre 30 ans et 70 ans. Remplacement (25 %) de la masse maigre par de la graisse.	Moins bonne élasticité, diminution de la puissance et de l'endurance des muscles.	Alimentation riche en calcium (1 200 mg/jour), en vitamine D et en protéines. Musculation, jogging, gymnastique. Marcher 7 à 10 km par semaine.

1. Voir notamment : Dessaint, Marie-Paule. *op. cit.,* chapitre 1 : Le vieillissement, p. 21 à 37, ainsi que, parmi d'autres, les sites web suivants : www.reseau-canadien-sante.ca, http://hcsp.ensp.fr (Haut Comité de la santé publique), www.vivre100ans.fr, www.e-sante.fr, www.servicevie.com, www.bulletinmedical.ca.

Systèmes et organes affectés par le vieillissement	Effets et risques	Stratégies
Rapetissement et calcification des ligaments. Destruction lente du cartilage. Fragilisation, porosité et diminution du diamètre des os.	À 75 ans, 3 femmes sur 4 ne parviennent plus à soulever des poids de plus de 4 kg. L'ostéoporose provoque le tassement des vertèbres chez 75 % des plus de 60 ans et augmente le risque de fractures.	Sortir chaque jour 15 minutes au soleil, le visage et les bras découverts. Supplément de sulfate de glucosamine (études scientifiques en cours pour prouver son efficacité).
Vieillissement du cerveau, du cervelet et des nerfs.	Moins bonne oxygénation du cerveau. Temps de réponse plus long (quelques secondes) pour recevoir et transmettre une information, surtout après 80 ans. En baisse : mémoire, esprit logique, raisonnement, résolution de problèmes rationnels, déduction de faits, utilisation de nouvelles stratégies, nouveaux apprentissages, capacité d'adaptation. Perte d'équilibre et chutes (cervelet). Sommeil de moins bonne qualité et réduction du temps passé dans la phase de sommeil profond (delta).	Danse, natation et bicyclette pour améliorer la coordination, l'équilibre et les réflexes. Tai-chi pour améliorer l'équilibre. Vie intellectuelle stimulante : cours, lecture, écriture, mots croisés, calcul mental, résolution d'énigmes (jeux). Suivre l'actualité, débattre des idées et rencontrer du monde. Engagement dans des activités et des situations qui exigent de s'adapter rapidement. Alimentation riche en vitamines B (céréales, grains entiers, haricots, germe de blé, foie). Réduire la consommation d'alcool (altération des réflexes) et d'excitants avant d'aller au lit (café, chocolat, boissons gazeuses).

Systèmes et organes affectés par le vieillissement	Effets et risques	Stratégies
Baisse d'efficacité des organes des sens.	Presbytie, difficultés à voir dans le noir. Cataractes (75 % des gens à 70 ans). Problèmes d'audition (1 sur 4 à 60 ans). Moins bonne perception des odeurs (transpiration, parfum) et des aliments salés et sucrés. Moins bonne tolérance aux épices. Sécheresse des muqueuses. Cicatrisation plus lente (10 jours de plus). Risque d'isolement volontaire (vue, ouïe).	Consulter régulièrement son médecin et compenser rapidement les pertes (lunettes, appareil auditif). Exercices oculaires (rotation...). Éclairage suffisant. Hygiène parfaite. Hydratation régulière de la peau. Éviter les parfums intempestifs. Taux d'humidité de la maison à 40 %. Réduire la consommation d'alcool (déshydratation). Éviter les environnements pollués : cigarette, atmosphère, pesticides, herbicides.
Diminution du nombre de récepteurs sensoriels.	Baisse de la sensibilité au froid et au chaud. Problèmes d'équilibre et d'orientation.	Exercices de coordination : danser, nager, faire de la bicyclette. Bien se couvrir l'hiver. Boire beaucoup d'eau dans les grandes chaleurs.
Ralentissement : mouvements péristaltiques des intestins, sécrétion d'enzymes digestives, bile et salive. Atrophie du foie.	Risque accru d'infections. Élimination plus lente des déchets de la digestion. Absorption plus difficile des graisses.	Manger à heures fixes. Alimentation riche en fibres (crudités, céréales à grains entiers). Éviter les irritants : vinaigres, épices, aliments acides. Réduire le stress. Éviter les laxatifs.

Systèmes et organes affectés par le vieillissement	Effets et risques	Stratégies
Baisse de la capacité de filtration des reins. Centre de la soif (cerveau) moins sensible. Perte de tonus de la vessie.	Risque accru de déshydratation. Effets : assèchement de la bouche et de la peau, maux de tête, fatigue, étourdissements, altération des réflexes (en voiture, par exemple), confusion des idées, perte de connaissance, constipation, formation de calculs rénaux, irritation et infections de la vessie. Problèmes de miction. Incontinence.	Boire 1,5 litre d'eau par jour, bien avant d'avoir soif. Exercices du plancher pelvien.
Affaiblissement du système immunitaire (SI). «Disparition» du thymus*.	Risque accru de : rhumes, grippes, infections à répétition, fatigue, allergies, asthme, eczéma, dermatites, cancers et maladies auto-immunes (lupus, diabète sucré, arthrite rhumatoïde, sclérose en plaques).	Se faire vacciner contre la grippe. Dormir, se reposer suffisamment et apprendre à exprimer ses émotions. Éviter les régimes végétariens faibles en zinc (ou prendre des suppléments), l'alcool, le tabac, le stress et les poisons mentaux (haine, colère…). Alimentation riche en zinc (pour régénérer le thymus), en stérols et stérolines**.

*   Le thymus est le chef d'orchestre du système immunitaire et la centrale de commande de la circulation de l'énergie dans l'organisme.

**   Les stérols et stérolines sont des gras végétaux dont on a récemment découvert les pouvoirs pour doper le système immunitaire, arrêter la progression des cancers, tuer les bactéries, et même ralentir le processus du vieillissement[1].

1. Vanderhaeghe, Lorna R. et Bouic, Patrick J. D. *La cure du système immunitaire*, Varennes, AdA, 2001, p. 5.

Systèmes et organes affectés par le vieillissement	Effets et risques	Stratégies
Organes génitaux (involution). Déficit hormonal.	Érections plus lentes et moins fréquentes. Amincissement du vagin, lubrification moins abondante. Ménopause (toutes les femmes). Andropause (20 à 50 % des hommes). Sautes d'humeur, baisse d'énergie, du désir sexuel, du plaisir de vivre. Risque accru : ostéoporose, accidents vasculaires cérébraux, cancers du sein et de la prostate.	Maintenir les activités sexuelles le plus longtemps possible. Discuter de ses inquiétudes avec son conjoint. Envisager l'hormonothérapie de substitution. Remplacer les performances par la tendresse et la complicité.
Diminution de la capacité d'adaptation.	Peur de la nouveauté. Enfermement dans une routine sécurisante. Risque accru de solitude et d'isolement. Perte du goût de vivre.	Ouverture à la nouveauté, aux nouvelles expériences. Activités individuelles stimulantes et renforcement du réseau social. S'écouter le moins possible et écouter plutôt les autres. Ne pas se couper de ses racines.

Rajeunir et guérir

Des chercheurs ont répertorié les principaux facteurs (habitudes de vie et personnalité) qui favorisent la santé et la longévité.

Dans *Real Age*[1], par exemple, le docteur Michael Roizen a attribué une valeur à un certain nombre d'habitudes de vie afin de montrer leur influence relative sur l'âge biologique et donc sur l'espérance de vie en bonne santé.

> ▶ **Les principales habitudes de vie et leur influence sur l'âge biologique**

Les chiffres correspondent aux années gagnées.

Habitudes et attitudes	Années
Consulter son médecin régulièrement et prendre sa santé en mains.	26
Voir du monde, appartenir à des réseaux qui nous supportent.	2 à 30
Évaluer régulièrement ses habitudes de vie et apporter les correctifs nécessaires.	12
Surveiller régulièrement sa pression artérielle et la maintenir près de la normale.	10 à 15
Vivre selon ses moyens financiers et éviter les soucis d'argent.	8
Rire et garder son sens de l'humour.	7 à 8
Ne pas fumer ; cesser de fumer.	7 à 8
Faire régulièrement de l'exercice, même modérément.	3 à 8
Faire l'amour (116 fois par année ou plus).	1,6 à 8

1. Roizen, Michael F. *Real Age*, New York, HarperCollins, 1999, p. 20 à 52.

Habitudes et attitudes Années

Garder ses dents et ses gencives en bonne santé.	6,4
Prendre, chaque jour, suffisamment de vitamines C et E (alimentation ou supplément).	6
Surveiller son poids et maintenir son indice de masse corporelle (IMC) inférieur à 23[1].	6
Manger moins de 60 g de gras par jour.	6
Adopter une alimentation riche en fruits et légumes, grains entiers et poissons.	4
Rester actif intellectuellement toute la vie.	2,5
Dormir suffisamment, mais pas trop.	1
Manger de la pâte de tomates et boire du thé vert si on est un homme.	0,8

Pour leur part, Caryle Hirshberg et Marc Ian Barasch, les auteurs de *Guérisons remarquables*[2], ont étudié la personnalité de gens qui ont guéri de maladies graves et même du cancer.

Vous reconnaissez-vous ?

Ces personnes :

▶ Éprouvent des sentiments profonds pour leur entourage ;

▶ Veulent vivre pour aider les autres ;

▶ Refusent d'être exclues à cause de leur maladie ;

▶ Sont déterminées à s'en sortir ;

---

1. On calcule son IMC à l'aide de la formule suivante : [IMC = poids (kg) / taille (m^2)]. Après 65 ans, cette mesure n'est plus valable, à moins d'indiquer la taille que l'on avait à 50 ans.

2. Hirshberg, Caryle et Barasch, Marc Ian. *Guérisons remarquables,* Paris, Robert Laffont, 1996.

➤ Défient la maladie et mobilisent leur esprit contre elle ;

➤ Ont du courage et un tempérament combatif ;

➤ Savent s'affirmer et exprimer leurs émotions ;

➤ Sont positives à propos d'elles-mêmes et de la vie ;

➤ Sont honnêtes envers elles-mêmes ;

➤ Font confiance à leur médecin, aux médicaments, ont foi en Dieu, en leur guérison…

L'alimentation anti-âge

Le commentaire du docteur Blais

Le docteur Robert Blais, médecin de famille de l'auteure de cet ouvrage, à Sherbrooke, a accepté de relire ce chapitre. Voici son commentaire à propos de l'alimentation anti-vieillissement.

> *Pour les aliments anti-vieillissement, il reste beaucoup de recherches à faire. Parfois, un aliment bon à tel point de vue ne l'est plus à un autre point de vue. Par exemple, le lait est une source de cholestérol alimentaire, mais, selon une étude récente, sa consommation favoriserait une perte de poids. Quant aux fruits de mer, s'ils sont nutritifs, ils favorisent aussi la goutte chez les hommes âgés de plus de 40 ans. Bref, une bonne dose d'antioxydants, dans une alimentation riche et variée en fruits et légumes, de même qu'en grains entiers et produits céréaliers, me semble une recommandation raisonnable d'après les connaissances actuelles. Aussi, les huiles les plus riches en acides gras oméga-3 sont les huiles de lin, de canola et de soya. Les poissons les plus riches en oméga-3 sont le maquereau, le hareng et le saumon (chinook). Les huiles de carthame, tournesol et maïs sont particulièrement riches en oméga-6, ainsi que l'huile d'onagre vendue comme supplément alimentaire.*

BONNE ET MOINS BONNE ALIMENTATION

«Que ta nourriture soit ton médicament et ton remède ta nourriture.» Cette citation d'Hippocrate, médecin grec du IVᵉ siècle avant Jésus-Christ, nous rappelle que nous devons apporter à notre organisme un combustible de grande qualité si nous voulons qu'il remplisse ses fonctions de façon optimale jusqu'à un âge avancé. Certains aliments ont des effets positifs sur la santé et la longévité, accroissent les performances physiques et intellectuelles, augmentent l'énergie vitale, aident le système immunitaire ou réduisent le stress, alors que d'autres font vieillir et dispersent inutilement l'énergie. Voici quelques rappels.

➤ **Les aliments qui préservent la bonne santé** : flocons d'avoine, sarrasin, semoule de blé ou de riz, germe de blé, pain complet au levain, pain aux céréales (seigle, avoine, orge…), boulghour, riz complet, riz basmati, soya, boisson de soya enrichie en calcium, certains fromages (gruyère, emmenthal, comté, beaufort, cantal, parmesan), yogourt, ail, brocoli, carotte, choux, épinard, haricots, lentilles, oignon, pois chiches, avocat, abricot, amandes, banane, kiwi, noisettes, noix (du Brésil, de pécan), orange, pamplemousse, pêche, viande blanche (poulet, dinde, lapin), canard, confits (oie et canard), pâté et mousse de foie, foie gras, œuf, saumon, truite, flétan, rouget, turbot, hareng, maquereau, sardine, huîtres, crevettes, huile d'olive ou de canola, thé vert, vin rouge (sans excès), eau minérale riche en magnésium et en calcium.

➤ **Les aliments anti-stress** : aliments riches en flavonoïdes et en vitamines A, C et E (fruits frais, légumes verts et rouges, persil, poissons, abricots, choux, courge, mangue, noix, noisettes, amandes), les acides gras essentiels, notamment les oméga-3 (huiles d'olive, de soya, de tournesol et de canola, saumon, sardine, flétan, morue, huîtres, crabe, crevettes, coquillages) et les oméga-6 (huiles de noix, tournesol et maïs) et, enfin, le riz, l'épeautre, le quinoa, l'amarante, l'ail, l'oignon, la ciboule, le basilic, l'aneth, le fenouil, l'estragon et la menthe.

➤ **Les alliés du système immunitaire** : (aliments riches en zinc, en stérols et stérolines) : huîtres, viandes rouges (maximum une fois par semaine), foie, jaune d'œuf, palourdes, crabe, crevettes, produits céréaliers (maïs, blé, avoine, boulghour, sarrasin, germe de blé, farine de riz), légumineuses (pois, fèves, lentilles, haricots, soya, tofu), graines de citrouille, de sésame, de tournesol, noix (de pécan, de cajou, du Brésil), noisettes, amandes, arachides, légumes variés, pommes de terre, ail, épices et herbes (clous de girofle, fenugrec, paprika, gingembre, origan, thym).

➤ **Les aliments à éviter le plus possible** : (les pires de tous sont en italiques) : céréales raffinées et enrichies en fer, pain blanc, farine blanche, biscottes, *brioches et autres viennoiseries, tartes,* riz blanc à cuisson rapide, fromages gras, fromages transformés, lait entier, café, thé noir, *frites, chips,* chocolat, confiture, fruits en sirop, miel, *noix de coco, cervelle, charcuterie, saucisse, jambon fumé, lard, viande rouge plus d'une fois par semaine, friture et grillade au barbecue, rognon, brochet, requin, espadon, anchois,* poisson mariné dans le sel.

L'ALIMENTATION MÉDITERRANÉENNE : UNE SOURCE D'INSPIRATION

En 1960, l'espérance de vie à l'âge adulte des peuples du bassin méditerranéen, notamment des Crétois et des Italiens du sud, figurait parmi les plus élevées du monde, en même temps que l'incidence des maladies cardiovasculaires, de certains cancers et de maladies liées à l'alimentation (obésité, diabète…) était la plus faible. D'où l'intérêt porté, depuis cette époque, à la façon de vivre et de manger de ces populations. Leur excellente santé proviendrait principalement de leur vie physiquement active et de leur alimentation riche en produits d'origine végétale, principalement les produits céréaliers, les légumineuses, les fruits et les légumes frais (locaux et de saison) et secs. Les plats sont préparés simplement et élaborés avec de l'huile d'olive[1]. Ail, aromates et

---

1. La graisse d'oie utilisée dans le sud-ouest de la France possède les mêmes vertus que l'huile d'olive, notamment en raison des acides linoléiques qu'elle contient.

condiments sont utilisés abondamment. Comme le montre la pyramide ci-dessous, les autres produits, notamment les fromages et les yogourts, les poissons, volailles, œufs, sucreries et viandes rouges sont consommés en moins grande quantité et moins souvent. C'est toutefois la combinaison des aliments de tous les étages de la pyramide qui assure l'effet protecteur de l'alimentation méditerranéenne.

> **La pyramide du régime méditerranéen**

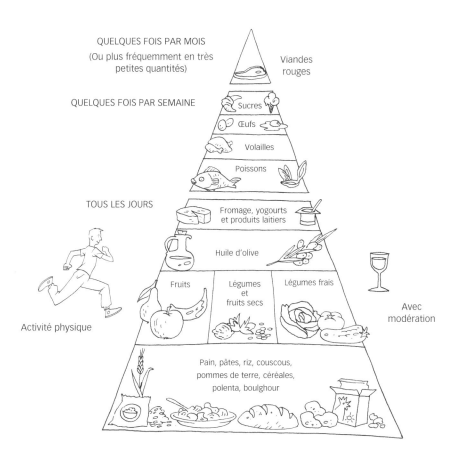

QUELQUES FOIS PAR MOIS
(Ou plus fréquemment en très petites quantités)

Viandes rouges

QUELQUES FOIS PAR SEMAINE

Sucres

Œufs

Volailles

Poissons

TOUS LES JOURS

Fromage, yogourts et produits laitiers

Huile d'olive

Fruits

Légumes et fruits secs

Légumes frais

Activité physique

Avec modération

Pain, pâtes, riz, couscous, pommes de terre, céréales, polenta, boulghour

Aujourd'hui, le régime méditerranéen est devenu une source d'inspiration pour les pays qui procèdent à la refonte de leur propre guide alimentaire. En 2003, l'Organisation mondiale de la santé[1] (OMS) a d'ailleurs publié un document d'orientation destiné à les guider dans leur démarche.

Adopter le régime méditerranéen, c'est aussi partager et déguster ses repas dans une ambiance détendue et conviviale, faire au moins 30 minutes d'exercices par jour, maintenir un contrôle très serré de son poids santé et boire un ou deux verres de vin rouge par jour. À condition, bien sûr, de ne pas abuser de ce divin élixir !

Un peu d'énergie en plus

DES TECHNIQUES AU SERVICE DE L'ÉNERGIE

Nous ne sommes pas que des corps physiques. Nous sommes également constitués de corps subtils (émotionnel, mental et spirituel) qui génèrent un champ énergétique : l'aura. L'énergie, c'est la vie, la santé et la vitalité ; c'est l'action, l'initiative, l'enthousiasme, la joie de vivre et le désir d'accomplissement de soi. Lorsque l'énergie ne circule pas bien dans l'organisme ou si elle est mal répartie, en période de stress par exemple, la communication entre le cerveau et le corps n'est pas suffisante. Les organes et les muscles peuvent alors être affectés.

Pour rétablir l'équilibre, diverses techniques ont été mises au point : acupuncture, digitopuncture et reiki… Les mouvements de tai-chi ou de chi-kong, qui amplifient et utilisent au mieux l'énergie circulant dans l'organisme, donnent également d'excellents résultats. Mais pour ceux qui n'ont ni le temps ni les moyens de s'offrir ces thérapies, il existe une série d'exercices particulièrement efficaces qu'il est possible d'apprendre soi-même et rapidement.

---

1. Lalancette, Monique et de Cotret, Léon René. «Guides alimentaires», *Réseau Proteus,* 17 mars 2003, www.reseauproteus.net

Pratiquer les «**cinq tibétains**» accroît la vitalité sur les plans physique, émotionnel, mental et spirituel pour au moins sept heures chaque fois. Les inconditionnels de ces exercices, incluant l'auteure de ces lignes, ont relevé bien des effets positifs : détente, bien-être général, meilleure humeur, souplesse et remodelage du corps, équilibre hormonal[1] retrouvé et même diminution de l'appétit... pour les gourmands.

À ces cinq exercices s'en ajoute un sixième qui ne doit être pratiqué que lorsque les premiers sont bien maîtrisés. Pour en apprendre davantage à ce sujet, on peut se procurer l'ouvrage de Peter Kelder : *Les 5 tibétains, secrets de jeunesse et de vitalité*[2].

LES CINQ EXERCICES TIBÉTAINS

Ils doivent être pratiqués le matin et dans l'ordre. Par la suite, vous pourrez ajouter une séance le soir. Commencez par trois répétitions de chacun d'eux, puis ajoutez-en deux ou trois chaque semaine jusqu'à atteindre 21. Ne faites pas ces exercices si vous souffrez de problèmes de santé (musculaire, cardiaque, neurologique...) ou si vous êtes enceinte.

Premier exercice

Bras tendus à l'horizontale, dans le prolongement des épaules, paumes vers le bas. Tournez de gauche à droite, dans le sens des aiguilles d'une montre. Marquez une petite impulsion au début de chaque tour. Arrêtez dès que vous vous sentez étourdi. Ne faites pas plus de 12 tours. Cet exercice stimule tous les centres d'énergie.

1. Nous possédons sept centres (tourbillons) d'énergie qui correspondent aux sept glandes endocrines. Ces glandes sécrètent des hormones qui règlent toutes nos fonctions corporelles, mais aussi le processus du vieillissement.

2. Kelder, Peter. *Les 5 tibétains, secrets de jeunesse et de vitalité*, Chêne-Bourg, Vivez Soleil, 1999.

Deuxième exercice

Sur le dos, bras sur les côtés, mains à plat, légèrement tournées l'une vers l'autre. Redressez alors la tête et amenez le menton vers la poitrine. Montez ensuite les jambes (tendues) à la verticale, le plus près possible de la tête. Redescendez-les ensuite lentement (toujours tendues), jusqu'à la position de départ.

Troisième exercice

À genoux, corps bien droit, orteils recroquevillés, mains appuyées sur le haut des cuisses pour maintenir l'équilibre. Amenez le menton vers la poitrine, puis étirez le dos vers l'arrière. Votre tête suit le mouvement le plus loin possible et votre dos forme alors un arc. Reprenez lentement votre position de départ.

Quatrième exercice

Assis, jambes tendues, bras le long du corps, mains à plat sur le sol, doigts dirigés vers l'avant. Baissez le menton vers la poitrine. Poussez ensuite lentement la tête vers l'arrière, le plus loin possible. Pliez les genoux et amenez le corps à l'horizontale (les jambes et les bras restent à la verticale). Tendez bien tous les muscles ! Revenez ensuite à votre position de départ.

Cinquième exercice

Couché à plat ventre, soulevez le torse, la tête renversée vers l'arrière pour former un arc, les bras tendus, les mains à plat sur le sol et les orteils recroquevillés. Abaissez le pubis vers le sol. Le menton en contact avec la poitrine, levez ensuite les hanches le plus haut possible, sans bouger ni les pieds ni les mains. Votre corps forme un A majuscule. Revenez ensuite à la position de départ en remontant la tête et en la poussant le plus loin possible vers l'arrière.

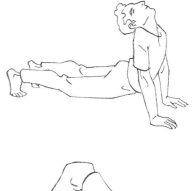

 Quelques conseils

Surveillez cette impatience

Surveillez les tout premiers signes du stress (impatience et tensions musculaires) et prenez rapidement les dispositions nécessaires pour qu'ils ne se transforment pas en stress permanent : cessez de résister, de vous énerver, de réagir de façon impulsive et excessive et de dramatiser les situations. En vous élevant au-dessus des difficultés, vous pourrez aussi choisir la meilleure solution à adopter.

Réduisez vos coups d'état émotionnels

Inscrivez dans votre «calepin copain» (p. 203) les situations, passées ou présentes, qui vous énervent, vous peinent énormément ou vous mettent carrément en colère. Analysez-les ensuite calmement et froidement. La prochaine fois qu'elles se reproduiront, vous les affronterez probablement avec plus de calme et vos réactions seront moins exagérées et plus efficaces.

Traitez-vous aux petits oignons !

Ne vous croyez pas obligé d'être sans cesse actif pour sentir que vous avez le droit d'exister comme le font plusieurs retraités. Ils s'éparpillent dans mille et une activités tout en s'efforçant de répondre aux exigences et aux demandes d'aide provenant de leur famille et de leur entourage. On le sait, pour beaucoup de monde, un retraité est une personne disponible, à temps complet et sur appel, pour garder les petits-enfants, effectuer des réparations, faire des courses pour les autres, les transporter ou prendre soin des parents âgés.

Si c'est votre cas, commencez par déterminer : le nombre d'heures par semaine que vous êtes disposé à consacrer à rendre des services ; quels services vous pouvez offrir et surtout ce que les autres peuvent très bien faire par eux-mêmes, parfois mieux que vous. Discutez-en ouvertement avec les personnes concernées et sachez dire «non» sans vous sentir coupable. Déléguez, faites-vous aider ou reportez à plus tard les services qui ne sont pas d'une urgence vitale. Traitez-vous avec autant d'égards que vous traitez les autres, car lorsqu'on s'oublie et qu'on néglige ses propres besoins, c'est un peu comme si l'on s'adressait un message selon lequel «on ne vaut pas grand-chose».

Chassez ce méchant winter blues

Si, chaque hiver, vous déprimez au point de perdre le simple plaisir de sortir de chez vous et de profiter de la vie, sachez que vous n'êtes pas seul ! Près de 50 % des gens sont affectés par ce trouble affectif saisonnier (TAS), notamment ceux qui travaillent la nuit ou vivent dans l'hémisphère Nord. Ils ne sont toutefois que 4 % à 6 %, des femmes quatre fois sur cinq, à connaître les symptômes d'une véritable dépression qui disparaît cependant dès le printemps : manque de concentration, fatigue extrême, baisse de la libido, perte d'intérêt pour les activités habituelles, tristesse, augmentation de l'appétit, prise de poids, etc.

Le meilleur remède ? Une bonne marche tonique à l'extérieur, à l'heure de midi, beau temps, mauvais temps, ou l'achat d'une lampe spéciale dont l'intensité lumineuse (5 000 à 10 000 lux) est comparable à celle d'une belle matinée de printemps, au lever du soleil. À titre de comparaison, chez soi, sous un éclairage conventionnel, l'intensité lumineuse n'est que de 300 à 700 lux, alors que sur une plage, au soleil, elle est de 100 000 lux.

Vive la relaxation

Se détendre chaque jour réduit les tensions physiques et émotives, repose le cœur et augmente l'énergie vitale. Commencez par quelques exercices dès le réveil (les cinq tibétains, par exemple ; voir p. 63) et, dans la journée, accordez-vous un long moment de repos d'au moins 30 minutes. Cette période, loin de tout bruit et de toute sollicitation de l'extérieur, doit être consacrée à réfléchir, à méditer et à respirer profondément. Profitez-en aussi pour vous envelopper mentalement d'une lumière apaisante, vous baigner dans une fontaine de jouvence, voir l'énergie vitale circuler librement dans tout votre corps et envelopper votre cœur d'amour et de reconnaissance. Il vous le rendra au centuple. Si vous êtes malade, encouragez votre système immunitaire et vos organes malades et voyez, par exemple, vos globules blancs en action. À l'occasion, offrez-vous aussi, si vous le pouvez, un massage, une balnéothérapie ou une séance d'acupuncture.

Une petite séance de rigolothérapie *?*

Pour vous sortir de la grisaille de l'hiver, doper votre système immunitaire et améliorer votre forme physique et intellectuelle, riez !

Rire, c'est libérer de l'endorphine, une hormone aux propriétés analogues à celles de la morphine, accroître la vitalité et le bien-être, réduire le stress, les tensions et la douleur.

Rire apporte un surplus d'oxygène au cerveau, triple la capacité pulmonaire, masse en douceur l'estomac et les intestins, avive l'esprit, améliore la concentration et la créativité, aide à prendre de meilleures décisions et à dédramatiser les situations difficiles. Une minute de rire franc et joyeux équivaut d'ailleurs à 45 minutes d'exercices physiques.

Rire rend aussi plus séduisant, plus attirant et… plus jeune ! Si une petite séance de *rigolothérapie* en groupe vous sourit, pourquoi ne pas vous inscrire aux activités de l'un des 2 500 clubs de rire qui existent dans le monde (http://clubderire.free.fr) ?

En route vers de nouvelles aventures

Une bonne santé physique et psychologique et le plein d'énergie permettent d'affronter plus sereinement tous les changements de la retraite. Ils procurent aussi la force nécessaire pour continuer à travailler s'il le faut, pour déménager, expérimenter de nouvelles façons de vivre ou repartir carrément à zéro. Le prochain chapitre propose des pistes et des conseils pour réaménager sa vie matérielle et pratique dans les meilleures conditions possibles.

Et la santé, ça va ?

Aujourd'hui, vous sentez-vous en bonne santé physique, psychologique et énergétique ?

(1) Ça va bien – (2) À améliorer – (3) À reconstruire

	1	2	3
Avez-vous pris votre retraite dans un contexte positif : par choix, comme une récompense ?			
Vous adaptez-vous facilement aux changements ?			
Êtes-vous satisfait de votre état de santé actuel (poids, forme physique, émotive, malaises, maladies…) ?			
Votre état de santé actuel vous permettra-t-il de réaliser tous vos projets de retraite, y compris travailler, si nécessaire ?			
Êtes-vous satisfait de vos habitudes de vie actuelles (alimentation, tabac, alcool, exercices, gestion du stress…) ?			
Êtes-vous bien entouré par votre famille ou vos amis ?			
Êtes-vous suffisamment calme, tempéré, modéré et serein ?			

Chapitre 3

L'équilibre matériel et pratique

« Mon nouveau compagnon a vendu son entreprise, puis il a pris sa retraite. J'ai donc quitté mon emploi pour le suivre à la campagne, loin de tout. Sa principale occupation est devenue la lecture des cours de la Bourse sur Internet. Je l'ai alors vu se renfermer de plus en plus et devenir triste, taciturne et grognon, au même rythme que la dégringolade de la valeur de ses actions. Et lorsque la descente a été vertigineuse, son amour pour moi en a fait autant. Il m'a carrément mise à la porte, sous prétexte qu'il ne pouvait plus subvenir à mes besoins, en plus des siens. »

P our la majorité des travailleurs, la perspective de la retraite représente une forme de récompense, un aboutissement, un moment attendu, mérité, préparé. Les autres envisagent avec effroi le moment où on leur demandera carrément de prendre la porte, alors qu'ils ne se sentent pas prêts à partir, surtout s'ils n'ont pas atteint l'âge officiel de la retraite.

Ceux qui se sont retirés volontairement de la vie professionnelle active finissent souvent par trouver le temps long ou par considérer que la vie n'est plus assez stimulante après seulement une année ou deux… ou trois passées à se reposer, à se divertir et à rénover leur maison. Il se peut aussi qu'une fois l'euphorie d'un déménagement disparue, ils cherchent à réintégrer le marché du travail à temps partiel, ou même à temps complet.

S'il n'est pas facile de continuer à travailler après 55 ans ou une fois la retraite entamée, rien n'est impossible, à condition, bien sûr, d'avoir quelque chose à offrir, de savoir se battre et se faire valoir. Il faut souvent accepter, aussi, de faire quelques concessions en matière de salaire, de type de travail à accomplir ou de comportement à adopter.

Mais avant de se lancer dans une nouvelle carrière, un nouvel emploi, plus ou moins satisfaisant, ou un déménagement, le moment est peut-être venu de s'arrêter pour réfléchir et se demander, notamment, quels besoins l'on cherche à combler en travaillant encore et quelles sont nos motivations profondes.

Il est aussi nécessaire de prendre le temps de vérifier si la vie ne pourrait pas être plus belle, plus libre et de meilleure qualité avec un peu moins de «tout». Moins d'argent, de choses, d'objets, d'encombrement, de responsabilités et de contraintes ; mais aussi, moins de projets, de désirs et d'attentes. En compensation d'une vie plus simple, gagner… de tout : plus de liberté et d'autonomie ; ne plus avoir de comptes à rendre ; ne plus dépendre des autres ; choisir librement des activités et des loisirs proches de sa personnalité, de ses besoins et de ses valeurs ; ralentir à son rythme ; ne plus devoir affronter les préjugés à l'égard des travailleurs plus âgés ; ne plus avoir l'obligation de s'entendre avec tout le monde, d'entrer en compétition avec les plus jeunes ou de supporter tout ce qui n'était plus supportable au travail. Cesser la course à l'argent et à la performance pour s'occuper davantage des siens, préserver son énergie vitale, sa santé et, ainsi, améliorer sa qualité de vie.

Mais ne nous emballons pas ! Travailler, c'est aussi, pour bien des gens, une question de survie et de santé psychologique, un besoin fondamental. Un droit.

Ce chapitre fait le point sur la place occupée par les quinquagénaires sur le marché du travail, ainsi que sur les vertus… de l'ordre, du ménage et de la simplicité volontaire pour se rapprocher davantage du bonheur à la retraite. Les avantages et les risques d'un déménagement sont également abordés, ainsi que la façon de s'y préparer.

Travailler à la retraite

« J'aurai bientôt 60 ans. Je partirai à la retraite et j'ai peur. Peur de devenir comme ces retraités qui ne parlent que de leurs douleurs, de leurs médicaments, de leurs malheurs et du temps qu'il fera demain (pluvieux? plus vieux?). La vie ne se passe pas devant la télévision, elle se vit au-dehors, avec les autres. Je vais donc continuer à travailler dans mon ancienne entreprise, bénévolement, le temps de… rebondir et de me trouver de nouvelles passions. »

S'il est un phénomène qui étonne toujours les personnes participant à des sessions de préparation à la retraite et rêvant de grandes vacances et de farniente, c'est celui du nombre impressionnant de travailleurs âgés de plus de 55 ans qui ne veulent pas s'arrêter de travailler ou de tous ces retraités qui cherchent à réintégrer le marché du travail. Au Québec, par exemple, en 2002, les personnes âgées de 55 à 64 ans ont décroché 38 % des emplois à temps complet et, pour le premier trimestre de l'année 2003, le Congrès du travail du Canada[1] a précisé que les plus de 55 ans ont obtenu 88 % des nouveaux emplois.

▶ **Pourcentage de travailleurs âgés de 55 à 64 ans, par pays (année 2003)**

France	37,2 %
Finlande	42,7 %
Grande-Bretagne	50,0 %
États-Unis	70,1 %
Japon	76,3 %
Suède	81,7 %

Source: www.seniorplanet.fr[2]

1. Source : www.quebecpme.ca, édition du 4 avril 2003.
2. *Pas de (papy) boom de l'emploi*, www.seniorplanet.fr, édition du 23 octobre 2003.

SURVIE, STATUT, RÉSEAU, DÉFIS ET STYLE DE VIE

Mais qu'est-ce donc qui pousse tant de retraités à retourner dans le tourbillon du travail, alors qu'ils viennent à peine de se retirer ? Probablement, pour plusieurs, la crainte de manquer d'argent, surtout depuis la dégringolade des marchés boursiers qui a grugé une bonne partie de leurs économies. Pour certains, il s'agit plutôt d'assurer le minimum vital ou de survivre. Mais il y a bien d'autres raisons, dont la nécessité de compenser les pertes de la retraite (statut social, estime de soi, relations sociales, etc.) ou d'occuper au mieux leur temps s'ils n'ont pas trouvé d'autres sources de «sens» pour leur vie. Voici quelques-unes de ces raisons, définies par les retraités eux-mêmes.

Se réaliser encore et maintenir son statut social

▶ Continuer à développer ses talents, ses compétences et ses habiletés et continuer à apprendre ;

▶ Rester en plein cœur de l'action et se tenir au courant des derniers développements dans son champ d'expertise ;

▶ Continuer à relever des défis, se sentir utile et apporter sa contribution à la société ;

▶ Continuer à être reconnu pour ses réalisations et conserver son statut social.

Retisser son réseau social

▶ Sortir de la maison ;

▶ Faire autre chose que du ménage ;

▶ Voir du monde et éviter de s'isoler socialement ;

▶ Retrouver l'esprit de camaraderie avec les collègues de travail ;

▶ Se faire de nouveaux amis.

Assurer sa sécurité

▶ Maintenir son style de vie ;

▶ Vivre une retraite plus confortable ;

▶ S'offrir quelques plaisirs (vacances, voyages…);

▶ Mettre de l'argent de côté pour les dépenses importantes (voiture, déménagement…) ou pour les imprévus;

▶ Disposer d'argent pour se faire soigner plus rapidement;

▶ Gâter ses enfants et ses petits-enfants et leur laisser un héritage;

▶ Boucler ses fins de mois (surtout les travailleurs autonomes sans épargne).

N'oublions pas non plus toutes ces femmes seules, soutiens de famille, défavorisées sur les plans social et économique ou qui ont été mises prématurément au chômage et à la retraite. Pensons également à ces baby-boomers pauvres, malades, handicapés et laissés pour compte qui n'ont pas les ressources suffisantes pour s'offrir une retraite dorée axée principalement sur les loisirs.

▶ **Pourquoi travaillent-ils à la retraite?**

Pour les relations sociales, à 31 %.

Pour les revenus supplémentaires, à 17 %.

Pour la stimulation intellectuelle, à 15 %.

Ernie Zelinski. *L'art de profiter de sa retraite*[1].

La majorité des gens qui travaillent encore à la retraite le font pendant une dizaine, voire une quinzaine d'années. Ils prennent ensuite une retraite davantage axée sur les loisirs, avant de se glisser doucement dans la vieillesse. Mais certains ne s'arrêteront jamais. Par choix, mais surtout par obligation, pour survivre. C'est le cas, notamment, de quatre millions de seniors américains[2],

1. Zelinski, Ernie. *L'art de profiter de sa retraite,* Paris, Éditions d'Organisation, 2003, p. 75.

2. Voir notamment le film-reportage de Lefebvre-Quennel, Carine et de Le Billon, Véronique, *Pas de repos pour granny,* diffusé sur RDI, le Réseau de l'information de Radio-Canada, au printemps 2004.

âgés de 65 à 90 ans, parfois plus. Certains travaillent en usine et accomplissent d'ailleurs leur tâche aussi bien que les plus jeunes. Les employeurs ont découvert tous les avantages d'un tel recrutement. Ces aînés sont consciencieux, compétents et expérimentés et, en prime, les entreprises n'ont plus à assumer le poids des charges sociales.

Ils sont là, efficaces et disponibles

« Le plus grand obstacle à mon retour au travail, ce n'est pas mon âge, ni mes compétences, mais la tendance générale à juger les retraités, voire les quinquagénaires, comme des personnes improductives et dépassées. Malgré l'évidence de nos compétences et du rôle que nous pouvons encore jouer au sein des entreprises, celles-ci nous ignorent totalement, ou presque. Elles préfèrent engager des jeunes peu expérimentés (deux pour le prix d'un !) et les laisser se débrouiller seuls, quitte à ce qu'ils commettent des erreurs. On devrait plutôt nous donner le temps et la possibilité de terminer notre carrière dans la sérénité avant de passer le flambeau, en douceur, aux générations montantes. Tout le monde en sortirait gagnant, sur tous les plans. »

Après avoir été carrément éjectés en grand nombre du monde du travail, bien avant l'âge de la retraite, voilà que les travailleurs âgés de plus de 50 ans reviennent au goût du jour et que les employeurs songent à les garder le plus longtemps possible. Non pas parce que les mentalités ont vraiment changé à leur égard (ne perdons pas espoir !), mais bien pour réduire le fardeau du financement des retraites. Probablement, aussi, qu'on commence à penser qu'il faudra combler les postes qui seront laissés vacants lorsque la majorité des baby-boomers se seront retirés, entre 2005 et 2010, et lorsque les plus jeunes ne seront pas assez nombreux ou suffisamment expérimentés pour prendre la relève dans certains domaines.

En France, par exemple, selon Jean-Yves Ruaux[1], rédacteur en chef de *Seniorscopie*, 800 000 baby-boomers devraient partir à la retraite en 2006 (30 % de plus qu'en 2005). Il faudra par conséquent trouver, avant 2010, 600 000 assistants maternels et aides aux personnes âgées, 392 000 cadres et dirigeants d'entreprises, 386 000 enseignants, et un grand nombre de travailleurs dans bien d'autres domaines.

Avec le temps, et probablement aussi en raison même de leur absence, les entreprises ont fini par (re)découvrir l'immense potentiel des travailleurs plus âgés. Certains gestionnaires vont même jusqu'à voir en eux une véritable «mine d'or», un «trésor inexploité» ou une «bonne aubaine». Et cela, surtout lorsqu'ils les engagent à contrat et à tarif réduit, sans avoir à contribuer au financement d'avantages sociaux, ou encore lorsqu'ils reçoivent une aide de l'État (aides incitatives). Mais dans les faits, et pour le moment, il reste encore un très grand pas à franchir entre les bonnes intentions et la réalité, même si plusieurs initiatives sont mises en place un peu partout pour réhabiliter les travailleurs plus âgés.

Un sondage[2] mené par la firme française Sofres pour la société de travail temporaire ADIA, à propos de la discrimination sur l'apparence dans la vie professionnelle et sociale, a montré que 80 % des personnes interrogées estiment qu'à compétences égales il vaut mieux être tatoué, adepte du *piercing*, handicapé ou carrément laid que d'avoir plus de 50 ans quand on cherche un emploi ! D'ailleurs 47 % des femmes et 48 % des hommes, plus encore chez les cadres, ont admis tricher sur leur apparence pour améliorer leur image au travail !

Une vraie mine d'or... aux cheveux d'argent

«En prenant de l'âge, nous gagnons aussi en densité. Un peu comme un vin, lorsqu'il est de bonne qualité.»

1. Ruaux, Jean-Yves. *Seniorscopie 2002, Les grandes dates, les grandes tendances,* Paris, Bayard, www.seniorscopie.com, édition du 21 avril 2002.
2. *La lettre d'informations professionnelles de Notre Temps,* éditions du 21 juillet et du 22 septembre 2003 : www.seniorscopie.com.

Malgré quelques rides et des cheveux d'argent, les retraités d'aujourd'hui et de demain, tout particulièrement les baby-boomers, sont prêts, pour la plupart, à relever tous les défis et à occuper toute la place qu'ils croient mériter. Instruits et avides de connaissances nouvelles, ils sont aussi attachés au passé et à l'histoire, tout en étant de plus en plus nombreux à naviguer sur le web pour y découvrir le monde entier et ses secrets ou pour trouver des réponses à leurs besoins fondamentaux :

➤ Acheter «en ligne» des objets, des assurances, des voyages et des gadgets ;

➤ Gérer leurs finances ;

➤ Faire de nouvelles connaissances et garder le contact avec leur famille et leurs amis ;

➤ Se tenir au courant de l'actualité ;

➤ Trouver des activités inédites et du travail ;

➤ S'associer aussi à d'autres pour faire connaître leurs droits et leurs revendications.

Ils sont en outre particulièrement nombreux à exercer leur droit de vote, contrairement aux plus jeunes, et à occuper encore des emplois et des postes clés au sein des entreprises, des gouvernements et des conseils d'administration.

Cette omniprésence des baby-boomers inquiète les plus jeunes qui craignent, à cause d'eux, de voir la société devenir de plus en plus conservatrice, fermée aux changements et peu ouverte sur le monde. Ils soupçonnent aussi leurs aînés d'être davantage concernés par le maintien de leurs intérêts et de leurs privilèges que par les problèmes de chômage, de dénatalité, de vieillissement de la population et, pire encore, par le fardeau économique qu'ils laisseront aux jeunes générations.

L'ancien ou le nouveau ?

«Je ne renoncerai pas à travailler tant que j'aurai quelque chose à offrir et à transmettre, jusqu'à mon dernier souffle, si Dieu le veut ! (Ou plutôt les employeurs ?) »

On ne peut mettre en évidence les qualités et les forces des travailleurs plus âgés qu'en les comparant à celles des plus jeunes, ces «enfants rois» qui arrivent aujourd'hui sur le marché du travail, ainsi qu'en tenant compte des préjugés à leur égard et des attentes des employeurs.

Tentons donc de nous y retrouver un peu, quitte à tomber parfois dans la généralisation (et les clichés dans quelques cas), en mettant tout le monde, toutes les classes d'emplois et tous les âges dans le même panier. Il s'agit, en fait, de brosser un portrait... d'ambiance, à partir de ce que l'on peut entendre ou lire à ce sujet et des craintes ou des préjugés des uns et des autres. S'y intéresser, c'est aussi se donner des armes pour rédiger son *curriculum vitæ* ou préparer son entrevue pendant la recherche d'un emploi.

Dans le tableau ci-dessous, les (+) et les (-) entre parenthèses représentent des forces ou des faiblesses, des avantages ou des inconvénients. Dans certains cas, un (-) pour un employeur peut devenir un (+) pour l'équilibre personnel. Par exemple, les valeurs des personnes les plus âgées les ont souvent conduites à faire passer leur vie personnelle au second plan, après leur travail, alors que la majorité des jeunes d'aujourd'hui s'y refusent. Pour les mêmes raisons, il peut arriver qu'un préjugé (P) soit suivi de son contraire, vu comme un (+). Vous pouvez ajouter les (P), les (+) et les (-) qui manquent, selon votre point de vue, ou en retrancher.

> **Les points forts et les points faibles, portraits comparatifs**

L'ancien	Le nouveau
Son expérience et son expertise lui permettent de s'intégrer rapidement et peuvent constituer un avantage concurrentiel pour l'entreprise (+).	L'entreprise doit souvent lui donner une formation complémentaire, alors qu'elle n'est pas certaine qu'il lui restera fidèle (-).
Il connaît l'histoire, la philosophie et la culture de l'entreprise, y compris ses petits secrets et ses petites manies (+).	Il peut facilement mettre les pieds dans les plats ou bousculer les traditions, d'autant plus qu'il n'est pas très respectueux de l'autorité (-).

L'ancien	Le nouveau
Il est consciencieux et a le sens des responsabilités. On peut compter sur lui en cas de problèmes ou d'échéance serrée (+).	Il a souvent les yeux rivés sur l'horloge et ne se sent pas particulièrement concerné par les problèmes de son employeur (-) (P).
Il est flexible et disponible : sa famille est déjà élevée (+). Il doit parfois consacrer beaucoup de temps à ses parents âgés (-).	Son bien-être personnel et celui de sa famille passent avant celui de l'entreprise (-).
Il est rarement absent (+).	Il est plus fréquemment absent ou en retard, en raison de ses responsabilités familiales : maladie des enfants, problèmes de garde, vacances scolaires… (-)
Il est fidèle et dévoué à son entreprise. Il s'agit souvent de son dernier emploi avant de se retirer définitivement (+).	Plutôt «mercenaire» et peu loyal envers l'entreprise : il est prêt à partir, à n'importe quel moment, pour s'assurer de meilleures conditions de travail ou une promotion sociale. Il est plus habitué à prendre qu'à donner (-).
Il s'adapte plus difficilement au changement (-) (P).	Sa capacité d'adaptation est excellente. Il a appris à se tirer de toutes sortes de difficultés (+).
Il est plus rigide et plus difficile à vivre (-). Il s'attend à un minimum de politesse et de savoir-vivre à son égard (+) et (-).	Il bouscule plus facilement les autres, est plus direct, plus expéditif et pas toujours diplomate avec les clients (-). Son attitude à l'égard de ses collègues âgés rend parfois les relations tendues (-).
Il apprend plus lentement, notamment en ce qui concerne la maîtrise des nouvelles technologies et des logiciels (-)(P).	Il apprend et réagit plus rapidement (+). Il est très à l'aise avec les nouvelles technologies et la recherche d'information sur Internet (+).
Il est plus lent au travail, moins dynamique et moins productif (-) (P).	Il est fougueux et aime le risque. Il a des idées neuves (+), mais il court aussi un plus grand risque de commettre des erreurs, de rendre des dossiers non fignolés… (-)

L'ancien	Le nouveau
Son contact avec les clients est plus personnel. Il prend le temps de les écouter, de répondre à leurs besoins et à leurs demandes (+).	Il risque de déplaire à certains clients (-). Son extrême confiance en lui-même passe parfois pour de l'arrogance (-).
Il ne maîtrise pas toujours bien l'anglais (-).	Il parle souvent plusieurs langues (+).
Son âge peut ternir l'image de l'entreprise (P), surtout dans le domaine des communications et du marketing (-).	Pour certains clients, un travailleur d'expérience semble plus crédible qu'un jeune (-).
Au fil des ans, il s'est tissé un réseau de contacts professionnels et de références dans son domaine (+).	Il n'est pas encore suffisamment connu des clients de l'entreprise et doit bâtir son propre réseau (-).
Il est patient et persévérant et il a le sens de l'engagement (+).	Il s'ennuie rapidement dans un poste qui ne lui apporte pas… d'émotions fortes (-).
Il préfère travailler avec un collègue plus proche de son âge. Il est mal à l'aise avec ses collègues très jeunes (la vingtaine).	Il préfère travailler avec un collègue ou un mentor âgé de moins de 45 ans.

Cette comparaison entre les «vieux» et les «jeunes», entre les «anciens» et les «nouveaux», a l'avantage de montrer que les jeunes sont, tout autant que leurs aînés, victimes de préjugés et de discrimination liés à leur âge. Il montre aussi que chacun a quelque chose à apporter à l'autre ou à lui apprendre et qu'il y a une place pour lui au sein d'une équipe de travail.

Les jeunes pourraient notamment insuffler (ou raviver) un nouveau dynamisme et un plus grand goût du risque à leurs confrères plus âgés ou les aider à se mettre à jour avec les nouvelles technologies. En retour, leurs aînés pourraient leur inculquer (en douceur!) quelques principes et valeurs : la patience, la persévérance, le goût du travail bien fait, la volonté d'approfondir les choses, la diplomatie, le respect d'autrui, la coopération et… la fidélité. Ils pourraient aussi les écouter et les encourager lorsqu'ils vivent des moments difficiles, au travail ou dans leur vie privée.

Pour toutes ces raisons, les employeurs sont de plus en plus nombreux à offrir la possibilité à leurs travailleurs plus âgés de devenir des mentors ou des tuteurs pour leurs jeunes employés. Ces fonctions devraient leur permettre de terminer leur carrière en se sentant utiles et appréciés à leur juste valeur et, en même temps, de transmettre aux plus jeunes leurs connaissances et les techniques acquises au fil des ans.

Créer et maintenir ainsi des liens et une collaboration entre les jeunes et leurs aînés au travail pourrait les inciter à en faire autant à l'extérieur, dans le monde «réel», c'est-à-dire à apprendre à vivre ensemble, à se respecter et à s'aider, et à cesser, ainsi, de s'accuser mutuellement d'être inefficaces, improductifs ou responsables de… tous les maux du monde! Ils pourraient trouver, ensemble, des solutions aux problèmes que vivent les sociétés vieillissantes et amorcer alors un rapprochement entre toutes les générations sans exception. Intégrer aussi les plus âgés et les plus oubliés pour construire, tous ensemble, le meilleur des mondes. S'il existe…

UN PLAN DE MODERNISATION POUR LE QUÉBEC

En juin 2004, Monique Jérôme-Forget, la ministre responsable de la modernisation de l'administration gouvernementale québécoise, se disait préoccupée par la fuite de l'expertise et des connaissances[1]. Elle annonçait alors qu'elle ferait appel à des retraités pour accompagner les premiers pas des jeunes générations de fonctionnaires.

En 1997, 36 500 employés du gouvernement québécois, incluant un nombre impressionnant d'infirmières et d'enseignants, sont en effet partis à la retraite grâce à un programme de départs volontaires. La moitié d'entre eux étaient alors âgés de moins de 55 ans.

---

1. Presse canadienne du 15 juin 2004 : www.cp.org

En favorisant ces départs, le gouvernement voulait réduire les coûts de la main-d'œuvre syndiquée, assainir les finances de l'État et rajeunir la fonction publique québécoise.

Beaucoup ont accepté de quitter leur emploi, en raison de[1] «l'offre alléchante qui leur était faite» (63 %), pour laisser la place aux plus jeunes (55 %) ou à un collègue (16,7 %), mais aussi à cause de la dégradation de leur milieu de travail (49,5 %), de l'alourdissement de leur tâche (46,6 %) ou du stress (41,2 %).

Personne, ou presque, n'avait vraiment prévu les répercussions économiques, sociales et psychologiques, à court et à long terme, de ces départs. Ni même les répercussions financières pour ces retraités prématurés qui ne toucheront jamais la totalité des prestations de retraite qu'ils auraient reçues en restant en poste. Plusieurs en sont tombés malades, certains sont retournés travailler et les autres… ont dû se serrer la ceinture !

En novembre 2002, un sondage montrait[2] d'ailleurs que 78 % des retraités canadiens voulaient dépenser moins pour compenser la faiblesse des rendements boursiers et que 67 % étaient prêts à réduire leur train de vie.

CE QUE LES EMPLOYEURS VEULENT

Les employeurs[3] attendent de leurs travailleurs plus âgés qu'ils soient parfaitement compétents dans leur domaine, mais aussi polyvalents, dynamiques, créatifs, motivés, disponibles, flexibles, sociables (esprit d'équipe) et dotés d'une excellente conscience professionnelle. Ils s'attendent aussi à les voir s'adapter rapidement aux changements en général et aux nouvelles

---

1. Labrecque, Guy et Morin, Dominique. *De l'identification et de la préparation à la quête d'une retraite adaptée,* Université Laval, sociologie, avril 1999.

2. Lewandowski, René. «Bye-bye boulot ? Attention, danger !» *L'actualité,* Montréal, octobre 2003, p. 23.

3. Voir notamment : Brunet, François. *Comment les entreprises anticipent-elles le vieillissement de l'emploi ?,* actes du colloque *Âge et emploi,* Paris, DARES, mars 2003, p. 195.

   Samson, Alain. *Une nouvelle carrière à la retraite,* Montréal, Transcontinental, 2003.

technologies en particulier. Ils les veulent en bonne santé physique et psychologique et avec des aptitudes physiques au-dessus de la moyenne, notamment lorsqu'ils doivent accomplir des tâches manuelles. Sont également souhaités : un bon jugement, l'esprit d'initiative, ainsi que des compétences de base en calcul et en communication (lire, écrire, écouter, organiser ses idées…).

Et lorsqu'un travailleur âgé n'est pas choisi, ce n'est pas toujours parce qu'il ne satisfait pas à tous ces critères, mais plutôt parce que l'employeur cherche à équilibrer la pyramide des âges dans son entreprise, ne veut pas lui offrir une formation de mise à jour ou lui accorder le salaire élevé qu'il exige.

Les employeurs recrutent des travailleurs expérimentés surtout dans les domaines de la construction, des transports, des services immobiliers ou des services sociaux. En ce qui concerne les cadres, il s'agira plutôt des domaines juridiques et financiers et de la restructuration d'entreprises. Les employeurs sont moins enclins à leur offrir des postes dans les domaines du marketing, de la vente et des communications. Une question d'image probablement !

Bientôt, très bientôt, les employeurs n'auront quasiment plus le choix s'ils veulent éviter que la société ne devienne improductive et ne s'appauvrisse… faute de main-d'œuvre. Ils sont donc prêts à consentir certains aménagements dans la tâche de leurs travailleurs aînés : réduction du temps de travail et des horaires, partage de leur tâche avec un plus jeune, télétravail, missions de courte durée, aménagement de postes de travail plus ergonomiques, formations identiques à celles des jeunes, etc.

✋ Quelques conseils

Si vous cherchez à travailler à la retraite, suivez ces quelques conseils. Votre bon sens et votre intuition devraient faire le reste !

En pleine forme

Tâchez, avant tout, de vous maintenir dans la meilleure forme physique et psychologique possible. Les gens en général et les employeurs en particulier ont tendance à fuir les gens malades, faibles, fragiles, vulnérables, ainsi que ceux dont l'apparence laisse à désirer.

Un curriculum vitæ adapté

Dans votre curriculum vitæ, qui sera évidemment impeccable, clair, complet, précis mais concis, montrez à quel point vous êtes expérimenté et compétent dans votre domaine et mettez bien en lumière vos réalisations passées. Évitez toutefois de donner l'impression que vous savez tout et que vous avez tout fait! Mettez l'accent sur les points forts que les employeurs recherchent chez les travailleurs plus âgés et montrez bien que vous n'avez rien de commun avec tous ces préjugés à leur égard.

Pendant l'entrevue

Ne mentionnez jamais que votre principale motivation à travailler est le besoin d'argent, si tel est le cas. Il est également inutile de parler de votre vie privée et familiale. Mettez plutôt l'accent sur ce que vous pouvez apporter à l'entreprise. Votre employeur éventuel ne cherche qu'à savoir si vous serez rentable. N'exprimez pas d'exigences particulières quant à vos conditions de travail, il a déjà fort à faire avec celles de ses jeunes recrues. Et, tout en restant conscient de ce que vous valez, n'exigez pas un salaire trop élevé, surtout si cela le conduit à réaliser qu'il peut engager deux jeunes pour le montant que vous vous attendez à obtenir.

Refusez et soyez prudent!

Refusez toutefois les petits boulots mal payés dans lesquels vous vous sentez carrément exploité et qui ne vous ouvrent pas de portes sur un travail plus stable et mieux rémunéré dans l'entreprise. Attention au bénévolat déguisé et aux petites annonces des journaux dans lesquelles on vous demande d'investir une somme d'argent importante avant de commencer à travailler.

Refusez aussi de travailler «au noir», non seulement parce que cela constitue une fraude, mais aussi à cause des risques que vous encourez en cas d'accident, par exemple. Si vous provoquez accidentellement des dommages importants, votre assurance refusera certainement de les rembourser.

Acceptez l'intérim!

N'ayez pas peur du travail intérimaire. Celui-ci est peu courant encore au Québec, mais plusieurs organisations françaises se spécialisent maintenant dans le recrutement des travailleurs âgés de plus de 50 ans. Ce type de travail peut constituer une porte d'entrée idéale pour se faire connaître et accéder ainsi à un poste à plus long terme au sein d'une entreprise. L'intérim est bien pratique aussi pour qui ne désire pas travailler toute l'année (l'été, peut-être ?).

En France, Adecco (www.adecco.fr) a mis sur pied un service « 50 + » et www.job50.fr s'intéresse particulièrement aux cadres expérimentés. Au Québec, on peut consulter le site www.jobboom.com.

Branché et informé

Mettez-vous impérativement à l'informatique, si ce n'est déjà fait. Sinon, vous risquez d'être rapidement dépassé et de vous priver des chances de trouver du travail dans plusieurs secteurs d'activité. Grâce à Internet, vous pourrez aussi tâter le pouls du monde du travail, vous inscrire « en ligne » sur des sites de travail intérimaire et prendre des renseignements sur l'entreprise pour laquelle vous souhaitez travailler.

Sachez qui vous êtes

Si, en plus d'un salaire, vous cherchez la satisfaction dans un emploi, prenez le temps de faire connaissance avec vous-même. Quelles sont votre personnalité et vos valeurs dominantes ? Êtes-vous plutôt un artiste ? un entrepreneur ? Êtes-vous réaliste ? conventionnel ? investigateur ? social ? Êtes-vous ambitieux ? autonome ? créatif ? Qu'attendez-vous de la vie aujourd'hui et que vous faut-il pour être vraiment heureux ? (Le chapitre 5 vous aidera à faire la lumière sur toutes ces questions.)

Mais, quoi qu'il arrive, avancez la tête haute !

Ne vous laissez pas décourager par les échecs. Souvenez-vous qu'il y a bien plus d'appelés que d'élus dans les emplois offerts aux quiquagénaires. Ne succombez pas à tous ces préjugés à l'égard des travailleurs âgés. Soyez fier de vos compétences, réjouissez-vous de vos choix de vie.

Toutefois, ne vous exposez pas inutilement !

Sachez quand il est temps de quitter la scène. Quand il faut donner aux plus jeunes l'occasion de se frayer un chemin dans la vie ou quand il faut laisser la chance à des gens compétents, mais au chômage, de travailler à leur tour.

Si tout cela est trop compliqué

«Lorsqu'on a dépassé le stade de la survie, la différence entre pauvreté et prospérité n'est qu'une question de point de vue...»

Si vous disposez d'une retraite suffisante pour vous assurer l'essentiel; si les emplois qui vous sont offerts ne sont pas stimulants ou ne vous permettent plus d'apprendre et de donner un nouveau sens à votre vie; et si vous souhaitez faire autre chose qu'attendre qu'on veuille bien solliciter vos services, alors, il ne vous reste plus qu'à moins consommer et à moins dépenser. Ou, plutôt, à le faire de façon plus «raisonnable» en devenant un adepte de la simplicité volontaire. Les avantages de la simplicité volontaire ne sont pas que matériels. C'est toute la vie qui est transformée et toute la personne. Ce sont les valeurs qui se déplacent et se modifient, pour le meilleur.

Se simplifier la vie...

Depuis que nous sommes petits, on nous donne des choses et on nous apprend à aimer les choses. Si bien qu'en grandissant, nous voulons toujours plein de choses. Nous demandons sans cesse de l'argent de poche à nos parents pour pouvoir acheter des choses. Puis quand nous avons l'âge, nous prenons un travail pour acheter des choses. Nous faisons l'acquisition d'une maison pour y mettre des choses. Bien sûr, il nous faut une voiture pour trimballer nos choses. Comme bientôt nous avons trop de choses, notre maison devient trop petite. Nous achetons donc une maison plus grande. Mais alors nous n'avons plus assez de choses, donc nous rachetons des choses. Puis il nous faut une voiture neuve, car la première est usée à force de trimballer nos choses. Et ainsi de suite. (Ernie Zelinski. *L'art de ne pas travailler*[1].)

Devant l'évidence que la course folle à l'argent et au confort ne leur apporte pas le bonheur espéré, et encore moins l'amour et la santé, bien des gens cherchent des qualités différentes pour remplacer toutes ces valeurs axées sur la compétition, le pouvoir, le succès, la consommation et le gaspillage. Ils choisissent de se simplifier la vie pour pouvoir en profiter davantage. Cela ne signifie pas pour autant qu'ils acceptent de vivre de façon rudimentaire et de se départir de tous leurs biens. Cela ne veut pas dire non plus qu'ils refusent de travailler et de produire ou qu'ils rejettent du revers de la main tout le bien-être que l'argent peut leur procurer. La vérité est bien différente !

Ils ont surtout compris qu'en travaillant moins, en dépensant moins d'argent et en gaspillant moins, ils se retrouvent plus riches d'un nouveau capital : du temps pour les autres, de l'énergie vitale en plus et une meilleure santé.

Ils apprécient aussi de ne plus avoir à se soumettre aux exigences et aux ordres des autres pour assurer leur sécurité matérielle ou de ne plus avoir à s'endetter pour prouver leur valeur par l'entremise de leurs possessions. Ils ont compris que, pour être heureux, ils n'ont pas besoin de tous ces biens inutiles, encombrants et souvent polluants. Ils ont surtout réalisé qu'ils pouvaient gagner autant d'argent, si ce n'est plus, en limitant leurs dépenses au lieu de travailler sans relâche pour s'épuiser… et payer des impôts. Au Québec, par exemple, on travaille près de six mois, uniquement pour payer ses impôts, avant de commencer à travailler pour soi…

À ce sujet, Joe Dominguez et Vicki Robin, les auteurs de *Votre vie ou votre argent ?*[2], rapportent que, sur une base annuelle, chaque semaine de travail

---

1. Zelinski, Ernie. *L'art de ne pas travailler,* Outremont, Stanké, 1998, p. 40.
2. Dominguez, Joe et Robin, Vicki. *Votre vie ou votre argent ?,* Montréal, Logiques, 1997, p. 105.

(40 heures) nous coûte 30 heures en temps et en énergie, en plus des dépenses diverses : voiture, déplacements, essence, vêtements, restaurants, divertissements, massages et autres distractions pour se départir du stress du travail, journées de maladie causées par le stress et la fatigue, engagement de personnes pour faire tout ce qu'on n'a pas le temps de faire... La liste pourrait s'allonger indéfiniment ! Que reste-t-il une fois les impôts payés ?

TRIER, RANGER, SUPPRIMER, DONNER, RECYCLER, NETTOYER...

Simplifier sa vie commence tout naturellement par un grand ménage !

Se débarrasser du désordre, du fouillis et de l'encombrement d'objets, de paperasses, de vieilleries, de photos et de souvenirs inutiles, de bibelots, de bricoles, de babioles...

Le désordre, la poussière, la saleté et même la crasse (visibles ou invisibles) dans la maison, derrière les meubles, au fond des placards, des tiroirs, au grenier, dans le garage ou l'atelier, dans la voiture ou le sac à main non seulement créent un sentiment de culpabilité permanent, mais drainent inutilement l'énergie et entravent sa circulation.

Encombrer son espace physique, c'est aussi encombrer son espace mental. Faute de place pour penser et réfléchir, il devient alors difficile de prendre des décisions éclairées et de faire entrer la nouveauté dans sa vie, depuis les amis jusqu'aux projets stimulants. Le désordre indique aussi qu'une personne ne maîtrise pas sa vie et qu'elle ne connaît pas la paix intérieure. Un excès d'ordre manifeste toutefois le désir de vouloir tout contrôler : sa vie et celle des autres.

Là encore, tout est question d'équilibre !

Ranger et nettoyer, sans fanatisme, est donc une véritable thérapie ! Pour la maison et pour l'âme ! Abordée de ce point de vue, cette corvée se transforme en un acte d'amour, pour soi et pour les siens. Mais voilà aussi bien des choses qui ne devront pas être triées, empaquetées et emportées lorsque le temps sera peut-être venu de déménager. Bon nombre de nouveaux retraités ont d'ailleurs compris intuitivement que c'est par là qu'ils devaient commencer leur nouvelle vie et qu'en mettant de l'ordre dans leur vie matérielle, ils en mettent aussi dans leurs idées et leurs projets. Alors, les réponses à certaines de leurs questions existentielles et aux autres surgissent souvent comme par enchantement et des événements favorables, inattendus ou inespérés (les coïncidences) se produisent plus fréquemment.

En conséquence, pourquoi ne pas commencer dès aujourd'hui !

Il est inutile d'y consacrer toutes ses journées. Un tiroir ou un placard chaque jour et déjà l'énergie commencera à circuler avec davantage de fluidité et d'harmonie, tout comme les habitants de la maison, d'ailleurs.

Et puis, pourquoi ne pas faire aussi un peu de «ménage» dans ses relations et particulièrement dans celles qui sont inutiles, pessimistes et négatives, forcées ou fondées sur le pouvoir et la manipulation ? Le vide ainsi créé permettra d'accueillir de nouvelles relations plus satisfaisantes. Mais il faut également : pardonner, à soi d'avoir jugé les autres et aux autres de nous avoir fait du tort ; se libérer ainsi des liens invisibles qui nous attachent à eux, nous tirent en arrière et nous empêchent de poursuivre librement notre chemin.

Il en va de notre évolution !

Fini le gaspillage

«Épargner et investir comme si j'allais vivre éternellement ; partager et dépenser comme si j'allais mourir demain…»

Une fois le grand ménage terminé et l'espace retrouvé, il est bon ensuite de s'attaquer aux dépenses inutiles et au gaspillage. Il suffit de commencer cet exercice en le prenant comme un jeu pour se rendre compte qu'il est possible d'économiser chaque année, sans peine et sans privations, l'équivalent d'un voyage, voire beaucoup plus.

À vous de choisir jusqu'où vous voulez (ou pouvez) aller !

Économiser, c'est, bien sûr, réduire ses dépenses et ses besoins pour profiter davantage de la vie, mais c'est aussi réduire le gaspillage d'énergie (tout ce que nous consommons est produit à partir d'énergie), ainsi que la production de déchets et la pollution.

Souvenons-nous que[1] l'Amérique du Nord, qui ne compte que 6 % de la population mondiale, utilise entre 40 % et 50 % de toutes les ressources naturelles. Elle porte donc en grande partie la responsabilité des problèmes de pollution atmosphérique, d'épuisement des ressources et de destruction des espèces animales et végétales. Que laisserons-nous derrière nous ?

Quelques conseils

Voici quelques conseils de base pour commencer à vous simplifier la vie, à moins consommer et à préserver l'environnement. Il y en a bien d'autres que vous trouverez notamment dans les ouvrages[2] et les sites web mentionnés dans ce chapitre, si vous désirez approfondir la question.

Budgétez

Faites un budget, même si vous «haïssez ça pour mourir»! C'est le seul moyen de vous encourager à épargner et de constater les résultats de vos efforts.

Dites merci

Soyez reconnaissant, chaque jour, pour tout ce que vous possédez, y inclus votre santé, vos talents et vos habiletés, plutôt que de vous concentrer sur tout ce qui vous manque ou de penser que tout devrait aller mieux demain. Vous réaliserez alors à quel point vous êtes riche de tout!

Résistez

Exercez-vous, chaque jour, à résister au bombardement incessant de ces publicités qui savent si bien créer en vous des envies, des besoins qui ne vous

1. Mongeau, Serge. *La simplicité volontaire, plus que jamais,* Montréal, Écosociété, 1998, p. 21.
2. Voir aussi : Ban Breathnach, Sarah. *L'abondance dans la simplicité,* Montréal, Éditions du Roseau, 1999.

ressemblent pas et qui vous incitent surtout à faire des achats impulsifs. Souvenez-vous que la majorité des achats inutiles et impulsifs ne visent qu'à combler des besoins de paraître, de plaire et des besoins de statut et d'estime. Les publicitaires l'ont très bien compris.

Avant d'acquérir un nouveau bien de consommation, demandez-vous si vous en avez vraiment besoin ou si vous cherchez plutôt à satisfaire rapidement un désir, une lubie ou un caprice.

Réduisez

Dès que vous achetez un nouveau bien (vêtement, bibelot...), prenez l'habitude d'en donner ou d'en vendre un autre que vous possédez déjà. Cela pour vous en tenir au nombre que vous avez choisi de conserver. Le nombre idéal est 250, même si cela peut s'avérer difficile à respecter. Achetez aussi des objets (meubles, électroménagers...) de qualité et conservez-les le plus long-temps possible. Votre vie et votre maison ne s'en porteront que mieux, mais votre mémoire aussi. Y avez-vous déjà pensé ? Votre mémoire a enregistré tous les objets que vous possédez, ainsi que leur emplacement, ainsi que les objets et les papiers... de votre passé que vous ne possédez plus depuis longtemps, mais aussi ceux de votre enfance et ceux qui sont, aujourd'hui, chez vos parents, vos amis, vos enfants...

Comptez pour voir !

Partagez

Louez, échangez, empruntez les équipements dont vous ne vous servez pas fréquemment ou achetez-les en copropriété avec des amis ou des voisins. Échangez aussi des services.

Aimez le gros

Regroupez tous vos achats et faites-les une seule fois par semaine. Vous économiserez ainsi temps, argent et énergie. Achetez de préférence les fruits et légumes de saison, les aliments biologiques et les produits équi-tables (café, thé, sucre, etc.). Achetez en gros les produits que vous utilisez le plus fréquemment.

Recyclez

Apportez au recyclage les bouteilles, le papier, le papier d'aluminium, les vieux pneus, etc. Donnez vos vêtements aux organismes de charité qui les recycleront. Donnez vos livres à une bibliothèque municipale qui pourrait vous émettre un reçu pour don de charité. Ne jetez pas aux poubelles les déchets dangereux (peintures, aérosols, cartouches d'imprimante, piles, essence et huile usées). Faites du compost avec les feuilles mortes et les déchets végétaux, même si vous habitez en ville, vos fleurs et vos légumes en seront ravis. Souvenez-vous que, moins vous recyclez, plus vous participez à la production de gaz à effet de serre responsables de bien des maux, à commencer par le réchauffement de la planète (sans compter ses effets sur le climat).

Soyez raisonnable

Fermez les lumières chaque fois que vous quittez une pièce et baissez le thermostat du chauffage, la nuit, ou lorsque vous êtes parti, le jour. N'utilisez que les services (téléphoniques, informatiques, etc.) dont vous avez réellement besoin. Réapprenez à écrire à votre famille et à vos amis sur ce magnifique papier à lettres fabriqué (facilement) par vous-même, à base de papier recyclé et d'incrustations de végétaux séchés.

Vos correspondants seront ravis !

N'achetez plus ces grosses voitures assoiffées d'essence et particulièrement polluantes. Et, quand vous le pouvez, utilisez les transports en commun ou, mieux encore, marchez !

Fabriquez, réparez et offrez du temps

Fabriquez et réparez vous-même le plus de choses possible. Préparez ce que vous achetez habituellement tout prêt, cuisiné ou emballé. Pensez plutôt à donner de votre temps en cadeau, surtout aux jeunes enfants et aux personnes âgées. Des services, une écoute attentive, des sorties, des découvertes ou des spectacles laisseront de meilleurs souvenirs (parfois impérissables), qu'un objet inutile et encombrant.

Et quoi encore…

Bien d'autres choses peuvent être faites pour économiser davantage et moins gaspiller. On peut même aller jusqu'à gratter les pommes de terre plutôt que les éplucher… pour conserver un maximum de chair, ou vivre, l'hiver, quasiment dans le noir, à la lueur d'une faible lampe (bonjour le *winter blues !*) pour économiser l'électricité. On peut se coucher aussi quand le jour tombe et se lever avec le jour, comme les poules, ou encore s'emmitoufler dans plusieurs chandails pour économiser le chauffage.

Mais, par pitié, ne soyez pas radin, *cheap*, avare, pique-assiette, rat, profiteur, pingre, grippe-sou, et tout et tout ! Profitez de la vie pendant qu'elle est à vous et ne faites pas comme ces gens qui économisent et se privent pour assurer leur sécurité… future et le font parfois sur le dos des autres. Sachez que, paradoxalement, plus on met d'argent de côté pour assurer ses vieux jours, plus on risque de le perdre (c'est une loi universelle !). En outre, moins on profite de la vie pour économiser et moins on se prépare une retraite intéressante. Passer son temps à mettre de l'argent de côté, c'est aussi chercher à combler un grand vide intérieur !

Pour aller plus loin…

Pour étendre vos connaissances sur la simplicité volontaire, trouver des idées pratiques, des articles, des références, des groupements partout dans le monde ou, encore, mettre sur pied un groupe de simplicité volontaire dans votre région, jetez un œil sur le site du réseau québécois pour la simplicité volontaire (www.simplicitevolontaire.org). Voilà un bon moyen de rencontrer des gens qui partagent vos valeurs, tout en faisant quelque chose de bien pour vous, pour les autres et… pour la terre entière.

Déménager ou ne pas déménager : voilà la question

« À la retraite, nous ne voulions plus nous épuiser physiquement et financièrement à cause des corvées d'entretien de la maison et du terrain devenus trop grands pour nous. Croyions-nous ! Nous avons donc acheté un petit appartement, tout petit, en ville, près des commerces et des services.

L'argent récupéré devait nous permettre de prendre du bon temps et de voyager. Mais, aujourd'hui, je regrette amèrement cette décision. J'ai l'impression de vivre chez ma femme et de la déranger. Nous sommes constamment l'un sur l'autre et finissons par nous disputer à propos de tout et de rien. J'étouffe et cela va certainement se terminer par une séparation.»

Plutôt que de rénover, de réaménager ou de décorer autrement leur maison ou leur appartement comme le font un grand nombre de nouveaux retraités (un sur quatre environ), certains choisissent de commencer leur nouvelle vie en déménageant. Souvent, dans un espace plus petit et dans un environnement totalement inconnu. D'autres poussent même le luxe jusqu'à se débarrasser de tout pour vivre, à l'année, dans un véhicule récréatif qui leur a coûté les yeux de la tête, parfois autant que le petit royaume qu'ils viennent de quitter; parfois plus. Ils prennent alors le vent du large et vivent là où bon leur semble. Plusieurs mois au soleil l'hiver, en Floride par exemple, et le reste du temps dans un terrain de camping près de leur famille. Leur jardin se résume à un ou deux pots de géraniums qu'ils sortent à chaque escale, en même temps que leur chaise pliante.

Beaucoup finissent par regretter leur choix, surtout ceux qui n'avaient jamais expérimenté la vie de nomades (de luxe) auparavant. D'autres deviennent des inconditionnels de ce nouveau mode de vie.

Même si toutes ces expériences peuvent sembler particulièrement plaisantes, voire excitantes, changer de domicile, d'environnement et de style de vie n'est pas une décision qui peut être prise à la légère. D'autant plus qu'il s'agit probablement du dernier déménagement avant de devenir vieux, sans doute moins autonome, puis de partir... pour un autre monde.

À moins qu'il n'ait été mûri et planifié de longue date, il vaut donc mieux attendre un an ou deux avant de mettre son projet à exécution. Il vaut mieux profiter alors de ce temps pour se remettre tranquillement du choc du passage à la retraite, se reposer, paresser un peu, se refaire une santé si nécessaire, vivre à son rythme, faire du ménage en soi et autour de soi, réfléchir et... planifier. Il faut notamment évaluer les avantages et les risques d'un déménagement sur les plans financier, matériel, affectif, social et personnel.

Déménager, rappelons-le, c'est mettre sa vie, ses habitudes et ses repères sens dessus dessous, se trouver en déséquilibre et accroître son stress pour un bon moment...

Quelques conseils

Voici quelques conseils et suggestions pour mettre à profit cette période de repos et de réflexion avant de vous lancer dans la recherche de votre nouveau petit royaume.

Redéfinissez ou reconstruisez votre identité

Demandez-vous, par exemple : Qui suis-je vraiment ? Quelle est ma personnalité ? Quelles sont mes valeurs ou quels sont mes besoins ? Qui aimerais-je être d'ici 5 ans, 10 ans ou 15 ans ? Quels sont les rêves que je n'ai pas encore réalisés et que ce déménagement me permettrait de concrétiser ? Est-ce que je ne risque pas, trop tôt, de m'identifier à une personne âgée, alors que je suis encore en pleine santé et en pleine possession de mes moyens ? (Voir le chapitre 5.)

« Retrouvez » votre conjoint et consolidez votre couple

Comment voulons-nous vivre dorénavant ? Que voulons-nous faire de tout ce temps ? Dans quelles activités voulons-nous nous engager, ensemble, mais aussi, à l'occasion, chacun de notre côté ? Notre nouvel environnement nous le permettra-t-il ? (Voir le chapitre 4.)

Interrogez-vous sur vos motivations profondes

Pourquoi cet endroit plutôt qu'un autre ? Partir (si vous vivez seul) pour fuir l'ennui et la solitude ? fuir quelque chose d'indéfini ? retrouver des membres de ma famille ? espérer reconstruire une vie affective ailleurs ? m'entourer de personnes de mon âge ? réduire mon train de vie et récupérer une partie de mon capital pour assurer ma sécurité et celle de ma famille ?

Répertoriez les points forts et les avantages de votre vie actuelle

Qu'est-ce qui me plaît le plus dans mon environnement actuel et qui risque de me manquer si je ne retrouve pas l'équivalent ailleurs ? Les dimensions de ma maison? Son architecture? Les plates-bandes de fleurs qui ont mis 15 ans à s'épanouir totalement? Mon quartier? Les services? La sécurité? Le sentier de randonnée pédestre à deux pas? La proximité d'un point d'eau? Les chevreuils sur mon terrain? Mes amis? Mes voisins? Les commerçants que je connais depuis longtemps? Mon médecin de famille? Combien de temps a-t-il fallu pour concrétiser ces relations, ces complicités et ces petits bonheurs?

Déterminez tout ce que vous quitterez avec grand plaisir

En contrepartie des points forts et des avantages de mon environnement actuel, que verrai-je disparaître avec plaisir? Le bruit infernal et la musique du voisin? Les réparations coûteuses? L'isolement, l'hiver? L'éloignement des services, des transports en commun et des centres culturels et de loisirs? La laideur de l'environnement? La pollution?

Une grille pour faire le meilleur choix possible

Une fois que vous aurez répondu à toutes ces questions et (peut-être?) pris des notes dans votre calepin copain, vous pourrez, si vous le souhaitez, compléter la grille de critères ci-dessous.

Apportez cette grille chaque fois que vous visitez une nouvelle maison ou un nouvel appartement et donnez-la aussi à l'agent immobilier qui vous aidera à trouver le petit royaume de vos rêves. Vous simplifierez sa tâche. Vous pourrez ainsi mieux comparer les diverses options qui s'offrent à vous et évaluer les concessions que vous aurez à faire pour atteindre l'équilibre entre vos désirs les plus fous, vos moyens financiers et vos diverses exigences (santé, famille, transports, activités). N'oubliez pas, non plus, de vérifier si les animaux domestiques, surtout les chiens, sont admis dans votre environnement (immeubles, parcs…).

Les critères sont regroupés selon les grandes catégories de la pyramide des besoins humains d'Abraham Maslow : survie et sécurité (environnement, structure et aménagement du logis), amour, affection et appartenance, estime de soi et accomplissement de soi. Car, là aussi, il importe plus que jamais d'équilibrer tous ses besoins fondamentaux.

Sélectionnez les critères qui vous font le plus vibrer, biffez ceux qui ne vous concernent pas et ajoutez ceux qui vous semblent manquer. Pour certains critères, indiquez l'éloignement souhaitable ou acceptable pour vos besoins.

L'environnement

(1) Peu important – (2) Important – (3) Très important

En ville ou ailleurs ?	1	2	3
Ville, campagne, montagne, mer, lac.			
Village de retraités, quartier intergénérationnel.			
Écovillage, coopérative d'habitations.			
Quartier recherché, en développement.			
Qualité architecturale.			
Parcs, promenades publiques, plages à proximité.			
Trottoirs accessibles, bancs, rampes, toilettes publiques ouvertes.			
Quartier sûr, bien éclairé.			
En plein cœur de l'action.			
Environnement sans bruit.			
Autres critères (précisez).			

Moyens de transport	1	2	3
Transport local à proximité.			
Transport entre villes.			
Accès à un aéroport (pour les amateurs de voyages).			
Autres critères (précisez).			

Services de santé	1	2	3
Centre hospitalier et hôpitaux de jour à proximité.			
Médecins, infirmiers, physiothérapeutes, dentistes…			
Services d'aide à domicile (médicalisés ou non).			
Autres critères (précisez).			

Vie quotidienne	1	2	3
Dynamisme économique de la région.			
Principaux commerces à proximité : alimentation, coiffure, postes...			
Grandes surfaces et commerces (quincaillerie, etc.).			
Restaurants de qualité, à prix abordable, à proximité.			
Autres critères (précisez).			

Climat, qualité de l'environnement	1	2	3
Ensoleillement, pluie, neige, brouillard, verglas (nombre de jours par année).			
Risques environnementaux : inondations, pollution, ouragans, tremblements de terre, champs électromagnétiques...			
Autres critères (précisez).			

La maison ou l'appartement

(1) Peu important – (2) Important – (3) Très important

Type de logement	1	2	3
Maison, maison mitoyenne, intergénérationnelle ou appartement.			
De plain-pied, à plusieurs étages.			
Balcon, terrasse, jardin (aménagé, à aménager, dimensions).			
Superficie minimum ; superficie maximum.			
Maison ou appartement neuf, récent, à rénover.			
Nombre de chambres.			
Salles d'eau et salles de bains (nombre).			
Possibilités d'aménager un atelier, une pièce, un espace privé pour chaque membre du couple.			
Structure adaptable en cas de baisse d'autonomie.			
Autres critères (précisez).			

Confort et sécurité	1	2	3
Lumière et aération (nombre de fenêtres).			
Isolation efficace pour l'hiver (fenêtres, etc.).			
Climatisation. Foyer (cheminée).			
Garage, stationnement privé. Terrain clôturé, gardien…			
Grande intimité (pas de voisins à proximité).			
Piscine (privée, communautaire, municipale).			
Autres critères (précisez).			

Finances	1	2	3
Type de contrat d'achat ou de bail.			
Coût mensuel de l'hypothèque ou du loyer.			
Montant des taxes. Coût des frais de copropriété.			
Coût d'entretien.			
Autres critères (précisez).			

Amour, amitié et appartenance

(1) Peu important – (2) Important – (3) Très important

La famille et les amis	1	2	3
Proximité de la famille : enfants, petits-enfants, parents âgés, autres membres de la famille.			
Proximité des amis de longue date.			
Autres critères (précisez).			

Relations sociales et intergénérationnelles	1	2	3
Possibilités de recréer un réseau d'amis (lieux de rencontres).			
Contacts possibles avec des gens de tous les âges.			
Autres critères (précisez).			

Accomplissement et estime de soi

(1) Peu important – (2) Important – (3) Très important

Loisirs et culture	1	2	3
Sentiers de randonnée pédestre ou piste cyclable à proximité (terrain plat, escarpé).			
Plage, golf, tennis…			
Centre d'activités physiques.			
Stade, aréna (pour les amateurs de manifestations sportives).			
Université à proximité (conférences, cours).			
Centre culturel et de loisirs.			
Clubs sociaux. Salle de spectacle.			
Bibliothèque.			
Musées, centres d'art.			
Autres critères (précisez).			

Accomplissement de soi	1	2	3
Centres de formation permanente.			
Possibilités de travailler (temps partiel, complet).			
Possibilités de faire du bénévolat.			
Lieux de culte.			
Autres critères (précisez).			

Un peu de feng shui avec ça ?

Le feng shui[1] est un heureux mélange de croyances mystiques, d'astrologie, de folklore, de bon sens, d'ordre et de propreté. Cet art d'origine chinoise s'appuie sur les connaissances acquises à propos de la circulation de l'énergie dans l'environnement et l'univers. Plus particulièrement, le feng shui s'intéresse à la façon de capter cette énergie pour influencer favorablement tous les aspects de l'existence : santé, travail et prospérité, amour, famille et amitié, renommée et réputation...

Les spécialistes du feng shui donnent notamment des indications sur la façon de disposer les immeubles et leurs portes d'entrée, les pièces, les meubles et les objets (incluant leur symbole), les plantes ou les miroirs... afin d'activer favorablement l'énergie (le chi). Ils donnent aussi des conseils pour réduire les effets néfastes des « flèches empoisonnées », notamment les angles prononcés des toitures des immeubles voisins, les poutres apparentes au plafond, ainsi que les arêtes des meubles, des étagères, des bibliothèques et de certains objets.

Ce ne sont là que quelques vertus et pouvoirs du feng shui. Cela vaut la peine de les approfondir avant d'acquérir son nouveau petit royaume, histoire de mettre toutes les chances de son côté.

Tant qu'une personne n'a pas eu l'occasion d'expérimenter les effets favorables du feng shui dans sa vie, elle demeure souvent sceptique et parfois moqueuse. Et pourtant, nombre de grandes entreprises prospères et des architectes de renom travaillent en collaboration avec des spécialistes de cet art ancien.

À Hong Kong, ville particulièrement prospère, 90 % des bâtiments sont construits selon les principes du feng shui. Il arrive d'ailleurs que des

---

1. Voir notamment : Kingston, Karen. *L'harmonie de la maison par le Feng Shui*, Paris, Éditions J'ai lu, 1999.

   Too, Liliann. *Le guide illustré du Feng Shui*, Paris, Trédaniel, 1998.

entreprises intentent un procès à l'un de leurs voisins dont l'immeuble nouvellement construit leur envoie… des flèches empoisonnées.

Mon cœur balance

«J'avais déjà près de 68 ans lorsque j'ai décidé de créer un "village" de retraités à ma façon. J'ai convaincu des amis et des connaissances afin que nous acquérions, en commun, un immeuble dans lequel nous avons aménagé 15 appartements, ainsi qu'un lieu de rencontres et de services géré par tous. Nous vivons en ville, mais dans une zone piétonnière. Nous avons donc accès à tous les services, sans exception, y compris les services hospitaliers. Cette formule est beaucoup moins onéreuse que la vie dans un village de retraités et, en prime, nous ne nous sentons pas en marge de la société.»

Pour que votre petit royaume ne devienne pas une prison dorée ou une salle d'attente… en attendant la mort, voici quelques solutions de rechange à la maison traditionnelle, en banlieue, par exemple. Il en existe certainement d'autres et différents projets émergeront sans doute, pour satisfaire les «jeunes» et exigeants baby-boomers retraités, mais aussi, ne l'oublions pas, pour faire face aux problèmes et aux demandes d'une population vieillissante qui, d'ici 2050, devrait rejoindre ou dépasser celle des plus jeunes.

ENTRE LA MAISON INDIVIDUELLE ET LA MAISON COMMUNAUTAIRE

Maison à la campagne, à la montagne…

Avantages, caractéristiques	Inconvénients, risques
De l'espace pour recevoir la famille, les petits-enfants. Coût de la vie moins élevé qu'en ville. Souvent un endroit de rêve, non pollué, près des pistes cyclables, des sentiers de randonnée et des plans d'eau.	Éloignement de la famille, des services, des loisirs et des hôpitaux. Absence de transports publics dans certains secteurs. Éloignement des aéroports pour les voyageurs. Aide à domicile moins disponible.

Appartement de ville

Avantages, caractéristiques	Inconvénients, risques
À proximité de tous les services, des centres culturels et de loisirs, des services de santé et des hôpitaux. Accès à tous les produits de qualité et aux nouveautés, aux spectacles, films, festivals…	Plus cher, plus bruyant, plus pollué et plus grande indifférence des voisins. Moins d'espace, pas de jardin, de fleurs à cultiver. Difficile, parfois, de sortir de la ville pour aller à la campagne.

Maison multigénérationelle

Avantages, caractéristiques	Inconvénients, risques
Idéal pour les personnes âgées : une solution de rechange à la maison de retraite. Ajout d'un étage ou d'une aile à une maison pour accueillir un membre de la famille (enfant boomerang ou parent âgé). Vivre chez soi sans avoir à s'occuper de l'entretien. Échanger des services. Voir ses petits-enfants plus souvent.	Certaines municipalités refusent d'amender leurs réglementations pour ce type de transformation. Les grands-parents risquent de devenir les gardiens de leurs petits-enfants à temps complet ou de s'immiscer dans la vie privée et les affaires de leurs enfants. En banlieue, les infrastructures (transport, services, activités) ne sont pas toujours adaptées aux personnes âgées.

Village de retraités

Avantages, caractéristiques	Inconvénients, risques
Davantage approprié pour les «plus âgés». Être chez soi, dans sa maison, en sécurité, plutôt que dans une maison de retraite. Un espace commun avec certains services (piscine, bibliothèque, salles de jeux).	Coût d'achat et frais de copropriété élevés. Enlève un certain piment à la vie : goût du risque, mise à contribution d'habiletés, initiatives, prises de décision, etc. Le choix est souvent justifié par la peur : être cambriolé, monter des escaliers, avoir trop chaud, trop froid…

Avantages, caractéristiques	Inconvénients, risques
Généralement situé dans des endroits magnifiques, au bord de l'eau, par exemple, tout en étant assez proche d'une ville.	C'est s'entourer presque exclusivement de personnes âgées.
Aucune responsabilité à assumer.	Les jeunes enfants ne sont pas toujours les bienvenus pour de longs séjours.
Un animateur organise les loisirs pour tout le monde.	Les espaces communs risquent d'être investis par un petit groupe restreint, excluant ainsi les autres.
Présence d'un gardien de sécurité à l'entrée du village.	Une fois toutes les maisons vendues, il arrive que des promoteurs cessent d'offrir les services promis dans la publicité.

Quartier intergénérationnel

Avantages, caractéristiques	Inconvénients, risques
Des activités et des espaces communs (restaurants scolaires, bureaux sociaux et médicaux, salles d'animation) rapprochent les générations : personnes âgées, jeunes retraités, travailleurs, familles, enfants.	Les personnes âgées ne veulent pas toujours être entourées de jeunes, de bruit, d'action, mais le quartier intergénérationnel semble une solution idéale.
Pouvoir être actif, se sentir utile et s'entraider (achats, travaux mineurs, documents administratifs à remplir, écoute).	Risque d'exclusion de certaines personnes qui n'entrent pas dans le moule.
Présence rassurante des aînés pour les plus jeunes des familles éclatées.	
Effets positifs sur la santé physique et psychologique de tous.	

Une retraite heureuse ? Ça dépend de vous !

Habitation communautaire (cohousing)[1]

Avantages, caractéristiques	Inconvénients, risques
Formule séduisante pour les baby-boomers actifs et en bonne santé.	Parfois difficile à mettre sur pied : entente entre les partenaires, financement, résistance des villages avoisinants…
Côtoyer des personnes partageant les mêmes valeurs et les mêmes besoins.	
Chacun est propriétaire de sa maison ou de son appartement, mais partage avec les autres des espaces, des services et des équipements (aires de rencontre et de jeux, cuisine, outils, gardienne d'enfants, potager, espaces de bureau, équipements informatiques, bicyclettes).	Considérée parfois comme un groupe spirituel ou une commune, ce qui n'est pas le cas.
	Exige de bonnes compétences sociales et relationnelles, un grand engagement, beaucoup de rigueur et d'énergie.
La gestion de l'ensemble est assurée par les propriétaires.	Accepter de lier son propre bonheur à celui des autres.
Formule très économique qui permet aussi de réduire la surconsommation et son effet sur l'environnement.	Parvenir à préserver son intimité, tout en faisant partie de la communauté.

Il faut mentionner aussi un autre type d'habitations communautaires qui prend actuellement de l'expansion un peu partout dans le monde. Il s'agit des écovillages[2]. Les écovillages, qui n'ont rien à voir avec les communes des années 1960 et 1970, conviennent particulièrement aux personnes, de tous les âges et de toutes les générations, dont les intérêts dominants sont l'écologie et le respect de l'environnement et qui se soucient avant tout des répercussions de leurs choix présents sur le futur. Agriculture biologique, centre de formation et ressourcement, arts et artisanat, classes vertes, écoles alternatives et tourisme ne sont que quelques activités menées par les membres des écovillages. Cette formule semble mieux adaptée aux jeunes baby-boomers retraités actifs qu'à leurs aînés.

1. www.cohousing.org
2. En Amérique du Nord : www.ecovillage.org et www.routedesecovillages.net. Voir aussi www.laplumedefeu.com.
   En Europe : www.gen-europe.org (le site donne la liste de toutes les associations du monde).

Ma maison, mon miroir, mon âme

Pour finir, voici un petit exercice de créativité qui vous aidera à la fois à trouver l'endroit idéal où porter vos pénates à la retraite et à déceler votre personnalité, voire votre véritable identité[1].

Après vous être suffisamment relaxé, par exemple en comptant à rebours, de 100 à 0, imaginez, rêvez, visualisez ou, même, dessinez (ou faites des collages à partir d'illustrations découpées dans les journaux), l'endroit idéal où vous aimeriez vivre votre retraite. Où êtes-vous installé ?

Avec qui êtes-vous ? Que voyez-vous autour de vous, à l'extérieur et à l'intérieur ? Que faites-vous ? Que ferez-vous ce soir ? demain ? Ne mettez aucune restriction et aucune barrière à votre imagination, il ne s'agit que d'un jeu ! Prenez des notes, votre «calepin copain» n'attend que ça !

En décrivant ainsi votre maison et votre environnement idéals, c'est vous que vous venez de décrire, surtout votre état d'esprit et vos préoccupations.

Au fait, cette description n'a-t-elle pas quelque chose à voir avec vos souvenirs d'enfance ? avec les endroits que vous aimiez ? avec l'ambiance de cette époque ? avec votre famille ? Avez-vous remarqué aussi que chaque fois que vous vibrez tout particulièrement pour une maison, un lieu ou une nouvelle région que vous visitez, ceux-ci ont quelque chose à voir avec les souvenirs de votre passé ?

Et si vous n'aimez plus votre maison, votre appartement et votre environnement, si vous ne leur trouvez que des défauts et ressentez l'envie de vous débarrasser de tout pour recommencer à neuf, alors, vous avez un problème !

Votre vie ne vous convient plus et vous avez besoin de changement, ou vous vivez une période de transition et de changements profonds. La retraite, peut-être ? Le désordre, on l'a vu, nous indique aussi qu'il est temps de reprendre le contrôle.

---

1. Pour en apprendre davantage sur ce sujet, voir notamment :
   Serfaty-Garzon, Perla. *Psychologie de la maison,* Montréal, Éditions du Méridien, 1999.

Votre logis vous en apprend toujours plus sur vous-même que vous en savez réellement. Il reflète votre «moi» profond, votre âme et ses états. Vous vous sentez bien et vous l'aimez. Vous n'êtes pas heureux ou vous êtes en déséquilibre et vous voulez tout changer, ou partir. Il vaut mieux alors commencer par faire du rangement, changer les meubles de place, repeindre, décorer différemment... en attendant que ça passe.

Et si vous décidez quand même de déménager, vous aurez au moins la certitude d'avoir suffisamment mûri votre décision.

Les autres, une question de survie

Dans la quête de l'endroit idéal où passer sa retraite, les occasions de se rapprocher de tous ceux qu'on aime (famille, amis et relations) devraient passer bien avant le confort, le feng shui, les endroits magnifiques, les loisirs et les plaisirs. Les autres constituent, en effet, le meilleur remède contre les pertes et les ruptures de la retraite, le choc des séparations et des deuils, les difficultés de la vie, le désengagement des familles, la solitude et l'isolement, la vieillesse, la maladie et même le suicide.

Poussés à l'extrême, l'indépendance, l'individualisme (seul ou en couple) et l'isolement, consenti ou accidentel, finissent toujours par se retourner contre ceux qui s'y enferment.

Le prochain chapitre traite du besoin fondamental d'aimer, d'être aimé et de recevoir de l'affection. Ce besoin constitue la première source de sens dans la vie, bien avant «la belle vie» et l'accomplissement de soi.

Ça va chez vous ?

Où vous situez-vous, aujourd'hui, pour chacun des éléments suivants ?

(1) Ça va bien – (2) À améliorer – (3) À reconstruire

	1	2	3
J'aurai suffisamment d'argent à la retraite pour ne pas avoir besoin de travailler.			
Si je choisis de travailler à la retraite, je serai particulièrement bien armé sur tous les plans (physique, intellectuel, relationnel) pour affronter les préjugés à l'égard des gens âgés de plus de 50 ans et donner le meilleur de moi-même.			
Je suis très conscient des effets de la surconsommation, du gaspillage et du recyclage insuffisant sur la détérioration de l'environnement et de la planète.			
Je consomme plutôt raisonnablement et ne fais pratiquement jamais d'achats impulsifs et inutiles.			
Ma maison (mon appartement) est suffisamment propre et en ordre pour qu'on puisse y circuler aisément et pour que je ne me sente pas mal à l'aise si quelqu'un arrive à l'improviste.			
Ma vie, ma maison et mes loisirs reflètent réellement ma personnalité, mes valeurs et mes besoins et non ceux que les spécialistes du marketing, les médias et mes voisins m'incitent à préférer.			

Chapitre 4

L'équilibre affectif

«Travailler pendant près de trente ans dans le même hôpital, avec les mêmes personnes, a créé entre nous une grande solidarité, sans laquelle nous n'aurions probablement pas tenu le coup. Nous avons tout partagé. Le travail, bien sûr, mais aussi nos joies et nos peines, nos activités et nos voyages, nos mariages et nos divorces, le décès de nos conjoints et, parfois aussi, le suicide de nos enfants ou la mort subite d'un collègue. Ces longues années ensemble ont tissé des liens indissolubles qui devraient survivre à la retraite. J'en suis certaine!»

N ous avons tous besoin de nous lier aux autres, d'appartenir à une famille, à des groupes, de faire partie d'un réseau relationnel, de nous sentir utiles et d'exprimer le meilleur de nous-même : solidarité, compassion, service gratuit, loyauté…

Avec les autres, nous partageons des idées, des conseils, des informations et des services. Nous échangeons aussi de l'aide, du soutien et du réconfort dans les moments difficiles. Nous nous sentons plus forts pour affronter l'adversité ou nous faire entendre. Nous retrouvons nos racines et nos références et pouvons alors mieux nous définir. Être ainsi accepté, accueilli et aimé malgré nos imperfections, renforce notre estime personnelle et notre confiance en nous-même. Tous ces bienfaits ont un effet formidable sur le bien-être général, la santé et la longévité (tout comme leur absence, d'ailleurs, a un effet négatif). Des études[1] ont montré, par exemple, qu'en période de stress, seulement 10 % des femmes soutenues par un conjoint aimant sont dépressives, comparativement à plus de 40 % pour les célibataires et les veuves. Une union malheureuse peut augmenter le risque de tomber malade de 35 % et raccourcir la vie de quatre ans. Les chances de survivre à un cancer sont réduites de 8 % à 17 % chez les célibataires et, selon une étude du Conseil de l'Europe[2], ceux-ci meurent plus jeunes que les gens en couple.

Dans son article intitulé «L'approfondissement du sens à la vie au cours du vieillissement»[3], Gilbert Leclerc affirme d'ailleurs que, pour la majorité des gens, ce sont les relations interpersonnelles qui, avant tout, donnent un sens à leur vie, bien avant, par ordre décroissant d'importance, le développement personnel, le succès, l'altruisme, la créativité, la religion ou l'héritage laissé aux autres générations. Lorsque la vie n'a plus de sens, déception, dépression, maladie, puis violence et idées suicidaires sont souvent au rendez-vous.

Il semble donc que le secret d'une longue vie heureuse et en bonne santé se trouve dans l'équilibre entre tous nos besoins, et tout particulièrement dans les liens intimes et chaleureux que l'on tisse avec ceux qui nous sont chers. Ce secret passe aussi par l'harmonie entretenue avec tous les autres. Facile à dire, mais pas toujours facile à vivre, surtout à la retraite !

Les pertes et les ruptures de la retraite

Retraite rime avec pertes et ruptures. Le grand âge, trop souvent, avec l'oubli et l'abandon.

---

1. Voir notamment le Réseau canadien de la santé : www.canadian-health-network.ca
2. Conseil de l'Europe : www.coe.int
3. Leclerc, Gilbert. «L'approfondissement du sens à la vie au cours du vieillissement», *Vie et vieillissement,* vol. 1, n°1, 2002, p. 51 à 58.

Les pertes sont nombreuses : perte d'une partie du réseau social et affectif ; disparition de la routine sécurisante du milieu de travail et des complicités développées avec certains collègues ; éloignement des enfants pris dans le tourbillon de leurs responsabilités professionnelles et familiales ; vieillissement, puis disparition des parents âgés ; perte, parfois aussi, du conjoint lorsqu'il décède prématurément ou choisit de vivre sa retraite autrement.

À tout cela s'ajoutent les divers maux dont souffre notre société : individualisme, dictature du jeunisme, préjugés à l'égard des aînés, exclusion presque systématique des vieux, valeurs axées sur le pouvoir, la compétition, la réussite, la productivité, le profit…

Que reste-t-il, alors ? Un sentiment d'abandon, de tristesse ou d'amertume pour les uns, mais une occasion unique pour les autres. Occasion de se rapprocher de ceux qui leur sont chers et de leur famille, de faire de nouvelles connaissances et de s'engager un peu plus dans leur communauté. Occasion aussi d'apprendre à se désengager et à se détacher peu à peu pour passer d'une vie axée sur le monde extérieur vers une vie davantage centrée sur le monde intérieur et vers une existence plus spirituelle, ouverte sur la foi et l'espérance.

Ce chapitre explore les principaux changements que la retraite apporte à la vie du couple, de la famille et des personnes seules. Il montre les effets possibles de ces changements sur l'équilibre affectif, la qualité de vie et la santé. Il propose également quelques pistes pour maintenir en vie des liens interpersonnels de qualité, les renforcer ou les reconstruire.

Le retour du couple à la maison : bonheur ou péril en la demeure ?

« Ma conjointe a demandé le divorce après m'avoir forcé à prendre une retraite anticipée, il y a à peine un an. Raison évoquée ? Elle ne peut plus me supporter car je la rends dépressive. À quoi s'attendait-elle donc ? À ce que nous vivions collés l'un à l'autre, à longueur de journée, dans le même espace ? Tout faire ensemble ? Vivre chacun de notre côté ? »

Lorsque arrive enfin la retraite, la plupart des couples ont mille projets en tête : prendre le temps de profiter de la vie sans pression, concrétiser enfin leurs rêves les plus chers ou carrément changer de vie.

Si, durant les premiers mois, chacun est heureux et prêt à faire toutes les concessions pour que cette période bénie ne cesse jamais, les sourires finissent souvent par laisser place à la tristesse, à la frustration et, parfois aussi, à une certaine agressivité.

Se retrouver ensemble dans le même espace, 24 heures sur 24, avec, bien souvent, des buts, des rêves, des besoins et des craintes différents ou mal exprimés, peut devenir une source permanente de frictions et de conflits. Le risque est encore plus grand si chacun avait perdu l'autre de vue au fil des ans et, d'une certaine façon, avait mené une vie parallèle. Dans plus d'un cas sur quatre, les premières années de la retraite s'achèveront d'ailleurs par une séparation, souvent demandée par madame.

La conscience du peu de temps qui reste pour faire tout ce qu'on n'a pu accomplir jusqu'à présent, le constat des divergences dans les valeurs, les rêves et les projets de retraite de chacun ou la conviction que l'autre constitue une entrave au plein accomplissement personnel auront raison des meilleures intentions.

En outre, la plupart des *mamy-boomers* sont différentes de leurs aînées. Elles ont appris à s'affirmer et à revendiquer leurs droits. Elles ne veulent plus être au service d'un conjoint ou vivre une relation où la communication n'existe pas, ou si peu. Pour elles, chacun mérite une retraite juste et équitable. Lorsqu'elles sont financièrement autonomes, certaines décident alors de mettre monsieur à la porte de la maison.

LES SOURCES DE FRICTIONS

Les sources de frictions et de mésententes de la majorité des couples, quel que soit leur âge, sont bien connues : argent, sexe, responsabilités à l'égard de la famille, dépendance affective, corvées ménagères, ordre dans la maison, choix des loisirs… Loin de les réduire, la retraite risque, bien au contraire, de les exacerber et même d'en ajouter d'autres, du fait, principalement, de la cohabitation continue. Connaître ces risques permettra, dans bien des cas, de les atténuer ou, mieux encore, de les éviter.

Voici quelques situations qui, heureusement, ne constituent pas le lot de tous les retraités!

▷ Elle (ou lui) s'est sentie négligée (et parfois exploitée) durant de longues années et ne veut plus s'investir dans la relation.

▷ Elle et lui font tout ensemble, toujours et tout le temps. Le couple se replie sur lui-même. Chacun s'accroche à l'autre pour combler un vide.

▷ Elle et lui prennent leur retraite en même temps et vivent ce passage de façon très différente. L'un est euphorique, toujours en mouvement, alors que l'autre est plutôt dépressif.

▷ Il décide de profiter des premiers temps de sa retraite pour ne rien faire ; rien. Le voilà devenu expert de la télécommande, du zapping et du désordre systématique.

▷ Il est à la retraite et madame travaille encore. Elle lui organise un emploi du temps serré : travaux dans la maison, achats divers, coup de main aux parents âgés, garde des petits-enfants et «taxi» pour la ramener à la maison en fin de journée.

▷ Elle est fatiguée de le voir s'enfermer des jours entiers dans sa caverne (garage, atelier, cabane de jardin) et porter ses vêtements les plus vieux et les plus sales.

▷ Elle et lui discutent encore moins qu'avant! Ils échangent uniquement des informations pratiques (manger, faire les courses, sortir les poubelles, entretenir la maison). Ils ne se parlent plus d'amour, ne partagent plus leurs rêves et leurs jardins secrets et n'apprécient plus ce qu'ils font l'un pour l'autre.

▷ Elle et lui n'ont plus rien à se dire, alors ils passent leur temps à se disputer à propos de tout et de rien. Les vieux conflits non résolus n'en finissent plus de resurgir.

➤ Pour «acheter la paix» et éviter les conflits, elle ou lui accepte tout, met en veilleuse sa propre personnalité et se tait, malgré sa frustration grandissante.

➤ Elle se sent obligée de lui faire trois repas par jour alors qu'il n'en demande pas tant. Il préférerait même, parfois, manger un sandwich, rapidement, pour aller se promener avec elle.

➤ Il décide soudainement de se transformer en grand chef cuisinier, mais laisse à madame le soin de nettoyer les dégâts derrière lui.

➤ Il veut bien l'aider à faire le ménage, mais il ne sait pas quoi faire («Est-il aveugle ?»). S'il passe l'aspirateur, il «tourne les coins rond». S'il ne l'aide pas, elle aimerait le voir ailleurs plutôt que dans ses jambes.

➤ Il badine avec les amies de madame ou, au contraire, il ne peut supporter leur présence envahissante dans la maison ou au téléphone.

➤ Il oublie qu'elle a été la «reine du foyer» durant de nombreuses années et, sans crier gare, se lance dans la réorganisation des armoires de cuisine, du salon, du garage…

MON TERRITOIRE N'EST PAS TON TERRITOIRE

Dans une zone du cerveau limbique est mémorisée «ma place». C'est-à-dire des endroits qui me sont familiers, qui m'appartiennent, ainsi que ma position sociale. C'est ce qu'on appelle le territoire. (Sirim. Alors survient la maladie[1].*)*

Notre territoire comprend à la fois le lieu où nous habitons et les espaces que nous y occupons, notre travail, notre couple, nos enfants et nos loisirs.

───────────────

1. Sirim, *Alors survient la maladie,* Saint-Erme (France) et Montréal, Empirika/Boréal Express, 1984, p. 58.

«Le cerveau limbique est le siège d'affects ou d'émotions que l'on pourrait traduire par des mots tels que le désir, la colère, la peur, le chagrin, la joie, la tendresse. Il engendre aussi chez l'être humain les certitudes quant aux révélations et aux croyances, qu'elles soient vraies ou fausses.» (Jacques Languirand, *Guide Ressources,* vol. 6, n° 6, juillet/août 1991.)

C'est là que nous assurons notre survie, trouvons confort et sécurité, protégeons notre intégrité et actualisons notre plein potentiel.

Dès qu'un secteur de notre territoire se dégrade ou disparaît, les autres sont automatiquement atteints et l'équilibre est rompu. Alors, non seulement nous risquons de souffrir de divers problèmes physiques et psychologiques associés au stress (migraines, insomnies, instabilité d'humeur, palpitations, troubles de l'appétit, fatigue chronique, asthme), mais nous perdons aussi notre énergie et notre combativité. Malade, nous ne ferons pas d'efforts pour guérir et devant des difficultés, nous ne résisterons pas. Si un autre secteur de notre territoire est menacé, nous ne ferons rien pour le protéger.

Tout nouveau retraité doit reconstruire son territoire dans sa globalité. Le meilleur endroit où le faire en toute sécurité, c'est chez lui, dans son foyer. Or, il arrive que, lorsqu'il se retrouve à la maison, ses espaces physiques et, parfois aussi, son espace mental et psychologique soient occupés par l'autre ou par d'autres.

Voici quelques exemples :

➤ On fouille indiscrètement dans ses affaires, lit son courrier, surveille chacune de ses dépenses et chacun de ses moindres faits et gestes ;

➤ On emprunte ou prête ses outils, ses livres ou son ordinateur sans son consentement ;

➤ On exige qu'il abandonne ses activités et ses fréquentations parce qu'on veut tout faire avec lui ;

➤ On utilise le moindre petit symptôme de maladie pour le manipuler et l'obliger à se plier à mille et un caprices ;

➤ L'un des enfants adultes, revenu vivre pour quelque temps à la maison, ou un parent âgé s'immisce dans sa vie privée ou lance des invitations sans se soucier de lui.

Une telle annexion du territoire par un des partenaires correspond généralement à une prise de pouvoir sur l'autre déjà entamée bien avant la retraite et dont il est difficile de s'arracher sans une aide professionnelle.

L'enfant, le vieillard et le territoire

D'après Sirim[1], lorsqu'un enfant est privé de son territoire, par exemple s'il doit dormir dans la même chambre que son frère ou sa sœur ou s'il est constamment comparé à quelqu'un d'autre, il arrive fréquemment qu'il souffre d'énurésie. Dans la majorité des cas, ce problème de «pipi au lit» disparaît dès que l'enfant dispose d'une chambre ou d'un espace bien à lui. Aussi, il est fréquent de voir une personne âgée se laisser carrément mourir lorsqu'elle est hospitalisée longuement ou si elle doit déménager dans une maison de retraite. Séparée de son environnement familier, de ses amis, de ses connaissances, de ses petites habitudes et de ses activités quotidiennes, elle perdra peu à peu la force et la volonté de continuer à vivre…

VOUS ÊTES TOUS PAREILS

Les frictions au sein d'un couple de retraités ne proviennent pas uniquement des tracas et des responsabilités du quotidien ou de l'arrivée à la retraite. Elles ont aussi comme origine les différences profondes des membres du couple… même s'ils sont égaux.

De nombreux chercheurs et auteurs[2] sont parvenus à révéler des caractéristiques communes à toutes les femmes et à tous les hommes, et cela malgré de nombreuses différences : dans leur éducation, leur parcours de vie, leur personnalité, leurs valeurs, leur volonté d'évoluer et l'émergence des nouveaux rôles masculins et féminins, surtout chez les plus jeunes.

---

1. Sirim, *op. cit.*, p. 59-61 et p. 70.
2. Voir notamment : Gognalons-Nicolet, Maryvonne *et al. Genre et santé après 40 ans*, Berne, Hans Hubert, 1997.

   Gray, John. *Les hommes viennent de Mars et les femmes de Vénus*, Saint-Laurent, Club Québec Loisirs, 1995.

   Pease, Allan et Barbara. *Pourquoi les hommes n'écoutent jamais rien et les femmes ne savent pas lire les cartes routières*, Paris, Générales First, 2001.

   Willer, Ellen. *Les hommes, les femmes, etc.*, Paris, Marabout, 2001.

Aspirations, rôles, besoins, manières de communiquer et de réagir, relations avec le travail, les amis et la famille et façon de vieillir ont été passés au peigne fin. Au risque de tomber parfois dans la généralisation, les stéréotypes et les clichés, analysons ces différences afin de mieux comprendre en quoi elles peuvent accentuer les différends ou, au contraire, rapprocher, pendant la retraite.

MOI ET L'AUTRE : MODE D'EMPLOI

Rôles sociaux, valeurs, besoins…

Situation	Lui	Elle
Rôles sociaux. Valeurs principales.	Sens des responsabilités, production, pouvoir, compétence, efficacité, accomplissement. Être fort : supporter, accepter, repousser et taire ses sentiments, ses espoirs et ses peurs. Intérêt marqué pour les choses et les objets. Aime qu'on ait besoin de lui.	Soins, aide, relations intergénérationnelles, être en relation. Amour, communication, beauté. Intérêt marqué pour les personnes et les sentiments.
Besoins.	Confiance, acceptation, approbation, encouragement.	Attention, compréhension, respect, valorisation de ses sentiments, être rassurée et être aimée pour elle-même.
Énergie.	Centrée sur une chose importante à la fois.	Centrée sur les détails.

Amitiés

Situation	Lui	Elle
Amis et activités.	Surtout les compagnons de travail, pour faire du sport, s'amuser, jouer au golf, aider à réparer des choses. Va difficilement au-devant des autres. Compte sur sa conjointe pour inviter des amis et organiser les loisirs.	Planifie souvent les rencontres sociales en fonction de la perception qu'elle a des intérêts de son conjoint. Se forge un réseau d'entraide solide et stable.
Types de discussions.	«Prendre un verre». Sport, politique, actualité, etc. Peu de sujets personnels.	«Prendre un café». Angoisses, inquiétudes, peines, famille.

Communication

Situation	Lui	Elle
Parler.	Avoir une bonne raison. Surtout en public. Échanger des faits, chercher de l'information. Un seul sujet à la fois.	Pour le plaisir. Être en relation, tisser des liens. Chercher l'intimité, l'approbation. Peut aborder plusieurs sujets en même temps.
Mots[1].	2 000 à 4 000	6 000 à 8 000
Sons vocaux.	1 000 à 2 000	2 000 à 3 000
Gestes et mimiques.	2 000 à 3 000	8 000 à 10 000
Total quotidien.	7 000	20 000

---

1. Pease, Allan et Barbara. *op. cit.*, p. 146 et 147.

Émotions.	Un problème ou un conflit à résoudre intellectuellement : s'en débarrasser au plus tôt. Parfois sur la défensive («Est-ce ma faute?»).	Un prétexte à la relation. En parler abondamment avec l'autre.
États d'âme.	Réticence à partager ses états d'âme et à étaler ses sentiments sur la place publique.	Aime partager ses sentiments et ses émotions. Parle pour évacuer la pression et y voir plus clair.

Amour et intimité

Situation	Lui	Elle
Intimité.	Pour se reposer, faire le plein d'énergie. Couper le contact avec l'extérieur.	Pour parler, garder le contact, penser à tous ceux qu'elle aime.
Faire l'amour.	Préliminaires : «Arriver tout nu!» Objectif : l'orgasme. Une question de mécanique. Diminution ou absence des relations sexuelles : une perte douloureuse.	Préliminaires : cajoler, bichonner, ne pas voir la graisse, réparer des choses, parler, sanctifier… Objectif : parler d'amour, se caresser, se toucher… (besoin d'un contexte). Une question psychologique.
Faire le ménage.	Une corvée à terminer au plus vite, quitte à «tourner les coins rond».	Une preuve d'amour. «S'il ne le fait pas ou le bâcle, c'est qu'il ne m'aime pas.»
Souhaite que l'autre…[1]	Parle moins et surtout pas pour ne rien dire.	Parle plus et exprime ses sentiments.

1. Tanenbaum, Joe. *Découvrir nos différences entre l'homme et la femme,* Outremont, Quebecor, 1992.

| | Soit moins émotive, moins romantique, moins sensible. Fasse un peu plus d'exercice. S'occupe moins des autres et plus de lui. Arrive ou parte à l'heure. Passe moins de temps à se préparer. | Soit plus romantique, plus sensible, plus sensuel et moins génital, plus propre. Se préoccupe davantage des autres et de la famille. Sorte plus souvent de la maison. Soit moins pressé. |

Famille

Situation	Lui	Elle
Rencontres.	Plus souvent la famille de sa conjointe que la sienne.	La famille, les enfants et les petits-enfants, les amis.
Prendre soin des parents âgés ou malades.	« Une affaire de femmes », même pour ses propres parents. À l'occasion, il donne un coup de main pour des réparations ou des travaux.	Elle joue souvent le rôle de soutien auprès de sa mère et de sa belle-mère.

Travail et retraite

Situation	Lui	Elle
Travail.	Sacré, son identité en dépend.	Ambition généralement tempérée par la priorité accordée à la famille.
Retraite.	Perte : statut social et camaraderie avec les collègues.	Gain : liberté, partager le temps entre la famille et les loisirs. « Qu'est-ce que je vais bien faire avec lui 24 heures sur 24 ? »

Activités.	Individuelles, de préférence.	Voir du monde et en recevoir. Prend souvent l'initiative pour les deux (syndrome du «poussage sur le mari»).

Si ça va mal

Situation	Lui	Elle
Malaises et maladies.	Refuse l'idée d'être malade. Consulte souvent quand il est trop tard. «La nature va bien faire les choses.»	En parle beaucoup. Consulte un médecin deux fois plus souvent que lui.
Stress.	S'isole ou se dispute avec elle. Peut devenir agressif.	Devient plus attentive aux besoins de ses enfants. Téléphone à sa mère, à ses sœurs, à ses amies...
Un conflit avec l'autre?	Ne pas en parler, se taire. Faire l'amour pour le résoudre.	Parler avant de faire l'amour (même en guerre). Aborde les problèmes dans 80 % des cas.
Divorce (raisons).	Évolution divergente des intérêts et ressentiments accumulés. Insatisfaction sexuelle. Nouvelle relation en vue.	Évolution divergente des intérêts et ressentiments accumulés. Besoin d'autonomie. Manque d'attention, infidélité ou violence du conjoint. Prend l'initiative dans 65 à 80 % des cas.

Situation	Lui	Elle
Décès de l'autre.	Perte d'une grande partie du réseau affectif.	Moins bien accueillie par les anciens couples amis.
	Difficultés à réorganiser sa vie.	Plus grande facilité à réorganiser sa vie.
Face aux difficultés.	Sentiment d'échec personnel.	Les raconte avec moult détails.
	Se tait, nie, anesthésie et s'isole dans sa souffrance.	Appel à l'aide général : famille, amis, spécialistes…
	Veut s'en sortir seul, sans aide. Se retire davantage si on le force à parler.	
Si la douleur est insupportable.	Le suicide réussi est l'aboutissement d'une longue série de pertes, surtout affectives.	Quatre fois moins de femmes que d'hommes se suicident.
	Mettre fin à la douleur insupportable.	Elles font surtout des tentatives (légère augmentation après 65 ans).

Tendre vers l'équilibre et l'harmonie

Les relations heureuses ont quelque chose de commun avec la danse et obéissent à certaines de ses lois. Les partenaires n'ont pas besoin de s'accrocher l'un à l'autre car ils accomplissent avec confiance les mêmes figures, compliquées sans doute, mais gaies, vives et libres comme une contredanse de Mozart. Se tenir trop fermement arrêterait le rythme, gênerait les pas et détruirait la beauté indéfiniment changeante des évolutions. Les deux danseurs savent qu'ils sont partenaires et, qu'ensemble, ils créent le rythme dont ils reçoivent ensuite une invisible énergie. (Anne Morrow Lindbergh. *Solitude face à la mer*[1].)

---

1. Morrow Lindbergh, Anne. *Solitude face à la mer,* Paris, Anne Carrière et Tchou, 2001.

La cohabitation continue exige, de la part des deux partenaires, bonne volonté, capacité d'adaptation au stress, respect de l'autre, coopération, engagement (continuer ensemble), désir de se renouveler, ainsi que la maîtrise des habiletés de communication et de résolution des conflits. Et bien d'autres qualités et compétences encore!

Les pages qui suivent proposent aux couples quelques façons de discuter «gagnant gagnant», de communiquer à l'autre ses besoins et ses attentes et de franchir le passage de la retraite à deux, le plus doucement possible.

DISCUTER GAGNANT GAGNANT

«Les grands esprits débattent des idées, les esprits moyens parlent de faits, les petits esprits, eux, parlent des autres. Aussi, plus nous disons du mal des autres, plus nos interlocuteurs nous trouvent détestables. Plus nous les encensons et plus ils nous trouvent extraordinaires.»

Parler permet d'entretenir des relations profondes et sincères avec les siens et d'établir de nouveaux contacts. Parler permet aussi aux émotions, aux craintes et aux soucis de s'exprimer et aux tensions de se libérer, plutôt que de s'accumuler.

Mais il y a parler et parler : parler pour se dire et s'unir; parler pour ne rien dire, dire du bien, du mal ou se nuire; parler pour s'aider et se rapprocher ou parler pour s'éloigner; parler pour s'aimer ou parler pour se blesser; parler du quotidien ou parler de ses jardins secrets; parler pour résoudre des problèmes ou parler pour en créer.

On peut se taire aussi! On peut refuser de parler… et d'écouter. On court alors le risque de perdre l'autre de vue, peu à peu, puis de le voir disparaître.

À ce propos, des chercheurs américains[1] prétendent pouvoir prédire avec un taux de réussite de 94 % si un couple se séparera dans les quatre années

---

1. *L'amour est mathématique*, dans www.cybersciences.com, édition du 14 février 2004.

suivant son union. Cela, simplement en analysant une de leurs conversations à propos d'un sujet difficile à aborder ou d'un désaccord, notamment le sexe et l'argent.

🖐 Quelques conseils

Les reproches ruinent le couple beaucoup plus sûrement qu'une cargaison de bombes sexuelles, hommes ou femmes, livrées à domicile, disponibles et consentantes. (Ellen Willer. *Les hommes, les femmes, etc.*[1])

La véritable communication[2] entre deux êtres repose sur leur volonté à la fois de s'écouter et de se faire comprendre, d'être présent et disponible pour l'autre, physiquement et mentalement, et de sortir «gagnant gagnant» de chaque période de discussion ou de négociation. Voici quelques conseils pour y parvenir.

Clairement et attentivement

Exprimez-vous toujours avec clarté, précision, cohérence, sur un ton posé, agréable et assuré. Souvenez-vous que tout ce qui ne s'exprime pas clairement s'exprime longuement. Évitez donc les explications à n'en plus finir, le coq-à-l'âne, les propos superficiels et ceux qui dévient du sujet. Regardez votre interlocuteur avec intérêt et attention. Écoutez-le sincèrement. Concentrez-vous sur ce qu'il dit et non sur ses défauts ou ses imperfections de langage. Ne cherchez pas à anticiper ce qu'il va dire ou à terminer ses phrases. Ne l'interrompez pas. Si vous ne comprenez pas votre interlocuteur, plutôt que de le lui dire brusquement, essayez plutôt de résumer ce qu'il vient de dire. Il pourra ainsi préciser sa pensée ou la compléter.

Un minimum de calme intérieur

L'expression de vos émotions, la colère, par exemple, a des effets immédiats sur votre interlocuteur. Si vous vous fâchez ou criez, votre partenaire

1. Willer, Ellen. *op. cit.,* p. 185.
2. Pour approfondir ce sujet, voir aussi : Held, Vera N. *Stratégies pour communiquer efficacement,* Saint-Hubert, Un monde différent, 2000.

risque d'en faire autant et vous pourrez dire adieu à la résolution de votre conflit du moment! Pour être réceptif à ce que l'autre dit, essayez de rester le plus calme possible (au-dedans comme au-dehors…). Tentez de vous élever mentalement au-dessus de la mêlée, pour mieux comprendre ce qui se passe.

Emballez les reproches

Ne ramenez pas toujours la conversation à vous-même et évitez le «je» continu et envahissant. Si vous avez une demande ou un reproche à formuler, laissez une porte ouverte pour que l'autre ne se sente pas forcé. Évitez le plus possible de le critiquer, mais si vous devez le faire, enrobez chaque critique dans cinq compliments sincères. Critiquer amène l'autre à se braquer, à ne pas admettre ses erreurs et, en outre, à faire (bien souvent) ce que vous lui reprochez, rien que pour vous mettre en rogne.

Admettez vos erreurs et excusez-vous quand il le faut!

Dites-le ouvertement

N'attendez pas que l'autre vous devine : dites-lui clairement ce que vous avez à dire. Apprenez à exprimer ouvertement vos besoins, mais assurez-vous qu'il s'agit vraiment de besoins et non pas de caprices ou d'attentes.

Attention au non-verbal

Soyez attentif aux signaux non verbaux (mimiques, gestes, signes de tête, etc.), les vôtres et ceux de votre interlocuteur. Vous affirmez, par exemple, que vous êtes tout ouïe, alors que vous regardez votre montre avec insistance. L'autre arbore une moue particulièrement dubitative alors que vous lui faites une promesse. Son visage montre de la colère alors qu'il cherche seulement à vous dire qu'il vous aime… Ne fuyez pas son regard!

N'en restez pas à la survie

Ne limitez pas toutes vos conversations et vos discussions aux questions pratiques de survie et de sécurité ou aux problèmes du quotidien à résoudre, même si cela est indispensable.

Faites le petit exercice qui suit pour vérifier de quoi vous discutez le plus souvent. Il vous en dira long sur la qualité de votre relation. Indiquez le pourcentage du temps que vous consacrez à discuter, chaque jour, de sujets reliés à chacun des étages de cette pyramide.

▶ **De quoi parlons-nous le plus souvent ?**

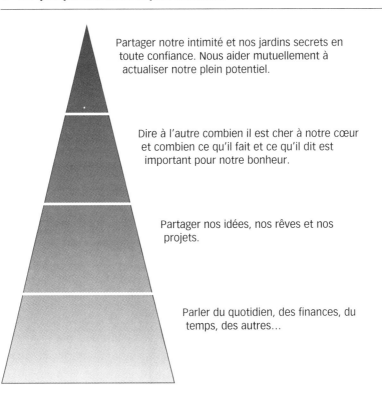

Partager notre intimité et nos jardins secrets en toute confiance. Nous aider mutuellement à actualiser notre plein potentiel.

Dire à l'autre combien il est cher à notre cœur et combien ce qu'il fait et ce qu'il dit est important pour notre bonheur.

Partager nos idées, nos rêves et nos projets.

Parler du quotidien, des finances, du temps, des autres...

Un remue-méninges... pour se dire à soi-même, tout en se disant à l'autre

L'exercice qui suit a plusieurs objectifs. Il doit permettre à chacun des partenaires de manifester à l'autre ses attentes en matière de retraite, de revendiquer le territoire physique, affectif et psychologique auquel il pense avoir droit et de jeter les bases d'une communication saine et fructueuse.

Les célibataires tireront également bien des avantages à faire, eux aussi, ce remue-méninges. Non seulement il leur permettra de prendre conscience de ce qu'ils attendent de leur retraite, seul ou avec leurs nouveaux amis, mais il leur évitera probablement de se lancer trop rapidement dans l'aventure d'une nouvelle relation.

Dans un premier temps, chacun note, sans tenir compte de l'autre, ses valeurs dominantes, ses besoins (selon la pyramide de Maslow), ses activités préférées et ses projets personnels. Il note tous ses rêves, même les plus fous, ses craintes et ses peurs à l'égard de la retraite et de la vie à deux, ainsi que les responsabilités et les contraintes qui risquent de le ralentir. Il précise aussi sa contribution à l'harmonie du couple et ce qu'il pourrait faire pour l'améliorer. («Suis-je assez gentil pour toi?») («Que pourrais-je faire pour améliorer notre relation?»)

Pourquoi noter ses valeurs? Parce que l'on peut avoir en commun bien des désirs, des intérêts et des projets (fonder une famille, construire une maison, voyager…), mais ne pas partager les mêmes valeurs. Et c'est à ce point de vue, qui rejoint profondément la personnalité, que les choses peuvent se compliquer davantage à la retraite (voir le chapitre 5).

Par la suite, les deux partenaires se retrouvent pour établir une liste commune avec l'intention ferme de trouver un terrain d'entente qui soit satisfaisant pour les deux. Cette rencontre devrait avoir lieu loin des tracas du quotidien, idéalement hors de la maison, dans un endroit calme et reposant (un bon repas ou un petit week-end en amoureux, peut-être?), mais jamais au cours d'une période de crise ou de conflit.

Zones de négociation

JEAN
(Mes valeurs,
rêves, projets…)

MARIE
(Mes valeurs,
rêves, projets…)

JEAN ET MARIE (Nos valeurs, rêves, projets…)

C'est souvent au cours d'une telle séance de remue-méninges que chacun réalise que la plupart de ses craintes n'étaient pas fondées et qu'il a en commun avec son conjoint bien plus de projets et de rêves à partager qu'il ne le croyait. Il réalise aussi, parfois, que certains de ses rêves étaient insensés, carrément éloignés de ses besoins et de sa personnalité ou, encore, qu'il s'agissait de rêves de consommation et non de rêves de réalisation.

Il est bon de refaire cet exercice régulièrement afin d'évaluer le chemin parcouru, de vérifier si les décisions prises et les promesses faites ont été tenues ou si des ajustements s'avèrent nécessaires.

Si cette séance de remue-méninges se solde chaque fois par une bataille rangée ou par l'obstination d'un des deux partenaires à ne rien négocier, une conclusion s'impose : il faudra apprendre quelques principes de base des communicateurs efficaces ou demander l'aide d'un professionnel.

LE REMUE-MÉNINGES DE JEAN ET DE MARIE

Mes valeurs dominantes

Jean	Marie
Mener une vie active et stimulante.	Assurer la sécurité matérielle et affective de la famille.

Mes besoins

Jean	Marie
Me sentir libre. Vivre dans un environnement confortable et sécuritaire.	Vivre à mon rythme, cesser de courir. Rester proche de la famille et de mes amis. Me remettre en forme physique.

Mes activités préférées

Jean	Marie
Promener le chien en solitaire.	Marcher, faire du vélo.
Aller à la pêche avec les enfants.	Écrire, jardiner, décorer.
Prendre des photos.	Recevoir la famille.
Jouer au golf.	Voyager.
Voyager.	

Mes projets à court terme

Jean	Marie
Apprendre une langue étrangère.	Prendre la vie du bon côté.
Apprendre à vivre plus simplement.	Passer au moins deux semaines par an au bord de la mer.
Devenir un *cyberpapy*[1] ou un mentor.	

Mes projets à long terme (deux à cinq ans)

Jean	Marie
Faire un long voyage en véhicule motorisé avec Marie et les petits-enfants.	Vivre deux mois dans un pays étranger.
	Faire du bénévolat un jour par semaine.

1. Par l'intermédiaire d'Internet, le *cyberpapy* aide les jeunes qui éprouvent des difficultés devant un devoir scolaire : www.cyberpapy.com

Mes rêves fous et les autres

Jean	Marie
Traverser l'Atlantique en voilier.	Participer à un projet de coopération internationale.

Mes craintes et mes peurs

Jean	Marie
Que Marie ne me suive pas dans mes projets et dans mes rêves. Tomber malade avant de profiter de ma retraite.	Manquer d'argent. Mal vieillir. Que Jean me trompe si je le laisse partir seul en voyage.

Mes responsabilités

Jean	Marie
Un des enfants encore à la maison.	Mes parents âgés.

Ma contribution à l'harmonie du couple

Jean	Marie
Mon humour et ma bonne humeur. Écouter davantage Marie quand elle en a besoin.	Mon imagination pour surprendre Jean. Exprimer mes besoins plus clairement.

Nos projets communs (Jean et Marie)

> Déménager dans un endroit qui facilitera l'accès à nos activités.
>
> Faire le chemin de Saint-Jacques-de-Compostelle.
>
> Participer à un débat de société sur l'environnement.
>
> Louer une maison à la mer cet été et y inviter tous nos petits-enfants.

Quelques conseils

Voici quelques conseils qui pourraient aider votre couple à franchir en douceur le cap de la retraite.

Pas en même temps

Si vous le pouvez, ne prenez pas votre retraite au même moment afin que chacun ait le temps d'apprivoiser sa nouvelle vie et de vivre en paix sa phase d'euphorie ou de désenchantement, s'il y a lieu. Mais n'attendez pas 10 ans ! Les habitudes de célibataire se prennent vite et il sera alors plus difficile de concéder à l'autre toute la place qui lui est due.

Chacun son territoire

Si vous le pouvez, aménagez-vous chacun une pièce que vous pourrez, à l'occasion, fermer à double tour. Ces pièces ne devraient pas servir de chambre, de débarras ou de chambre d'amis.

Pas trop vite

Ne déménagez pas trop rapidement dans un espace plus restreint, simplement pour réduire les corvées et les obligations liées à l'entretien. Si vous êtes fatigué de passer la tondeuse ou d'entretenir le potager, pensez qu'une fois à la retraite ces corvées pourront se transformer en moments de pur plaisir et de détente à deux.

Patience

Soyez patient! Donnez à l'autre le temps de vous aider, d'apprendre à passer l'aspirateur, de se trouver des activités valorisantes, de s'installer dans sa retraite, de vivre sa période d'euphorie ou de désenchantement, de vous parler... Souvenez-vous aussi qu'il faut au moins deux ans pour se départir totalement du stress du travail.

Du temps de qualité

Passez ensemble, chaque jour, au moins quatre à six heures de qualité, en dehors des corvées ménagères et des repas. N'oubliez pas les petites marques d'attention, les gestes de tendresse et la préoccupation constante du bien-être de l'autre. Ne vous repliez surtout pas sur votre vie de couple et ne limitez pas vos contacts à votre famille. Élargissez le cercle de vos amitiés et de vos connaissances. Pensez à l'avenir!

Attention aux tracas du quotidien

Méfiez-vous des microstress (les mille et un tracas du quotidien), car ils sont davantage responsables de l'usure du couple que les mésententes.

Ne vous laissez pas envahir

Ayez confiance en vous! Obligez l'autre à vous respecter. Ne vous laissez pas miner par ses humeurs, surtout s'il vit une période dépressive au début de sa retraite. Ne vous laissez pas envahir. Délimitez clairement vos limites personnelles.

Se séparer ou continuer ?

« Nous avons bien fait de prendre le temps de nous redécouvrir plutôt que de nous séparer. Nos différences se sont peu à peu transformées en compléments et nos concessions en cadeaux d'amour offerts à l'autre. Quel bonheur d'avoir quelqu'un à qui se confier ou une épaule où se blottir. Il n'y a rien de pire au monde que la solitude, surtout à la retraite! »

Au Québec, entre 1969 et 2000, le taux de divorce est passé de 8,8 % à 51,4 %. De plus, si 67 % des gens se séparent à la suite d'une première union (50 % au cours des cinq à sept premières années), ce taux monte à 77 % la seconde fois.

Si tant de nouveaux retraités choisissent de se quitter, c'est souvent pour fuir toutes les entraves à leur accomplissement personnel, entraves qui sont parfois de simples détails d'organisation et d'adaptation, au lieu de consacrer du temps et des énergies à négocier des arrangements avec l'autre, arrangements dont chacun sortirait gagnant. Il n'y a plus d'échappatoire et la nouvelle intimité ne fait que mettre davantage en évidence des divergences qui existaient depuis longtemps.

En se séparant, ces nouveaux retraités ne réalisent pas toujours ce qu'ils sont en train de perdre, à commencer par la meilleure personne avec qui partager leur vie jusqu'à la fin.

Car plus on vieillit, plus il est difficile de trouver chaussure à son pied. Les attentes sont toujours plus élevées à l'égard du nouveau partenaire. Le nombre de candidats masculins est de moins en moins élevé pour les femmes, surtout à un âge avancé. Dans les petites annonces, par exemple, elles sont plus de 70 à la recherche de l'âme sœur, alors qu'ils ne sont que 30. Plusieurs attendent encore le prince charmant personnifié par James Bond pendant que ces messieurs cherchent une Claudia Schiffer qui saurait aussi faire le ménage et la vaisselle.

La patience manque souvent aussi pour laisser le temps à l'harmonie de s'installer au sein du nouveau couple, alors qu'une relation intime et profonde ne peut que se tisser lentement, au fil des jours, à l'aide des joies et des complicités partagées, des épreuves et des difficultés surmontées.

Avant de prendre une décision définitive, il convient d'attendre un peu. Il faut attendre, par exemple, que la période d'adaptation à la retraite soit terminée, s'inscrire, si possible, à des cours d'enrichissement de la vie conjugale à la retraite ou consulter un médiateur familial. Mais, bien sûr, il ne faut pas hésiter à lâcher prise si la vie au quotidien devient totalement étriquée ou ressemble à un véritable enfer. Et, surtout, il ne faut pas se résigner, car plus on attend pour agir, plus il sera difficile, par la suite, de s'extirper de la relation.

Le commentaire de Marc Bolduc, psychologue

Marc Bolduc est psychologue à Sherbrooke. Voici son commentaire à propos des différences entre les hommes et les femmes.

J'ai entendu tant de souffrances, de rêves brisés, de blessures innommables dans la vie des conjoints. Ces personnes vivaient une profonde solitude malgré les années de vie commune, de profondes désillusions malgré leurs aspirations d'origine. Leur vitalité s'est éteinte graduellement... Tout ce gâchis a commencé par de petits désaccords qui ont mené à l'affrontement. Chacun s'est fait l'ardent défenseur de son point de vue. On se dispute pour savoir qui a raison et qui a tort ! Et pourtant, subjectivement, on a tous également raison, nos raisons. Malheureusement, on tombe dans le piège de l'accusation, du jugement. Il n'y a plus d'ouverture à l'autre. Nous sommes tous semblables et différents à la fois. Tous les êtres vivants sont reliés entre eux par le désir de vivre librement leur différence. Ouvrir le dialogue. Admettre que l'autre a autant raison que moi. Désirer sincèrement entendre son point de vue. Exprimer le mien sans accuser ou dénigrer celui de l'autre. Concilier nos différences fait appel à la créativité. Il s'agit bien d'inventer, d'imaginer une situation qui intègre les deux points de vue, qui convient à chacun. Ce ne sont ni des compromis ni des concessions mais la découverte d'une nouvelle voie de réalisation mutuelle.

Vivre en solo : enfer ou paradis ?

« L'enfer, ce n'est pas les autres, ni de vivre seul sans compagnon. L'enfer, c'est de ne plus avoir de liens à tisser, d'idées à échanger, de services à rendre ou quelqu'un à dorloter. À quoi bon vivre dans un endroit de rêve si personne ne vient nous secourir en cas de difficultés ? L'isolement, c'est la mort ! »

Il y a, aujourd'hui, tant de célibataires de par le monde, qu'ils sont en train de changer la société, depuis les logements jusqu'aux loisirs en passant par les façons de rencontrer les autres. Et cette espèce en voie d'expansion, surtout féminine, est encore plus nombreuse, une fois la soixantaine dépassée.

En 1999, trois millions de Canadiens[1] étaient âgés de plus de 65 ans (12 % de la population totale) et près de la moitié d'entre eux n'avait pas de conjoint (4 % étaient divorcés, 10 % célibataires et 32 % veufs). Quant à la France, le tableau qui suit montre bien la croissance vertigineuse du nombre de «solos féminins» après 60 ans.

▶ **Les solos français**

Tranches d'âge	Hommes	Femmes	Total
50 à 59 ans	387 246	465 109	852 355
60 à 74 ans	483 748	1 173 868	1 657 616
75 à 79 ans	146 382	594 460	740 842
80 ans et plus	175 746	808 058	979 804

En 1999[2], un Français sur huit vivait seul.

POURQUOI VIT-ON EN SOLO ?

Outre la perte du conjoint, parti pour un monde meilleur ou avec un autre, ici-bas, les raisons qui poussent les gens à choisir le célibat sont multiples.

Le couple traditionnel n'est plus «le» symbole de réussite dans la vie (c'est plutôt le couple mère/enfant), le divorce est devenu banal et les célibataires sont beaucoup mieux acceptés socialement.

---

1. Commission des droits de la personne et des droits de la jeunesse : www.cdpdjp.qc.ca

2. Institut de la statistique et des études économiques (Insee), recensement de 1999 : www.insee.fr

L'indépendance, la réussite personnelle, la passion pour le travail et l'égoïsme ont plus d'importance, pour certains, que l'amour et l'attachement aux autres.

Les femmes sont devenues plus autonomes financièrement. Elles veulent donc, elles aussi, se réaliser dans la vie, construire leur propre chemin, se transcender.

La crainte de se faire envahir ou exploiter, ou encore la peur de passer à côté du meilleur de la vie l'emportent sur le désir d'aimer et d'être aimé. On a également peur de l'intimité ; peur aussi de se faire rejeter ou abandonner si on ouvre la porte de son cœur.

Le désir de passer du temps avec soi et pour soi, à la suite d'une séparation, se transforme peu à peu en mode de vie… à long terme.

On a quitté l'autre sans en évaluer les conséquences pour le futur ou, alors, on a choisi de vivre dans un endroit de rêve, mais fermé socialement (un problème décelé trop tard, une fois installé).

Faut-il courir ce risque, à la retraite, de glisser doucement de la solitude à l'isolement, puis, lentement, vers la dépression, la dépression profonde, avec ses effets néfastes sur la santé et la longévité ?

SEULS MAIS PAS TOUT SEULS

Bien des «solos retraités», un tiers environ, s'estiment toutefois heureux et même chanceux de vivre ainsi libres et autonomes, à leur rythme, entourés et occupés, sans contraintes et sans avoir à négocier des arrangements avec un conjoint.

Mais pour atteindre cet équilibre, ils ont commencé par accepter la responsabilité de leur vie. Ils se sont retroussé les manches, ils ont pris «leur courage à deux mains», puis se sont lancés à l'aventure (mais bien préparés !) sur le vaste terrain de jeu de la retraite où tout est encore possible : s'occuper de soi, rencontrer les autres, aimer, s'amuser, continuer à s'accomplir et même travailler.

Ces «solos» ont aussi compris que ce n'est pas en s'accrochant désespérément à la première personne venue, ni même à leur famille, qu'ils peuvent réellement s'épanouir et trouver le bonheur. Ils ont plutôt réalisé qu'il leur fallait profiter allégrement de la vie, en s'engageant dans des activités et des projets avec des gens des deux sexes qui partagent avec eux des besoins, des valeurs et des passions.

La porte de leur cœur n'est toutefois pas fermée, bien au contraire, car s'ils apprécient tous les avantages de leur vie de célibataire, ils n'en connaissent pas moins tous les manques et toutes les limites, surtout à long terme. Et lorsqu'ils rencontrent l'âme sœur, ils n'abandonnent pas pour autant leurs amis et leurs projets. Ils ont d'ailleurs tendance à privilégier la qualité de la nouvelle relation bien avant de songer à sa durée.

PLUS FACILE POUR MADAME RETRAITÉE ?

Il semble que la vie en solo soit plus facile pour madame retraitée que pour monsieur. Elle se débrouille en général mieux que lui au quotidien, elle est davantage douée pour l'amitié et l'entraide ; elle exprime plus facilement ses émotions, sa tristesse et sa colère et n'hésite pas à demander de l'aide lorsqu'elle est trop malheureuse. À ce sujet, Gilda Carle[1], auteure de *Ne misez pas sur le prince charmant*, rapporte que l'alcoolisme, le chômage, la dépression, la maladie et le suicide sont considérablement plus répandus chez les hommes célibataires que chez ceux qui sont mariés, tandis que chez les femmes, c'est le contraire : les célibataires s'en sortent mieux que les femmes mariées. À condition, bien sûr, d'être entourées par leur famille et des amis et de ne pas avoir à supporter trop de problèmes financiers et matériels.

La famille de monsieur et madame retraités

À l'instar de tous les systèmes sociaux, une famille a des besoins fondamentaux. Ceux-ci peuvent prendre diverses formes : sentiment de sa

---

1. Carle, Gilda. *Ne misez pas sur le prince charmant*, Montréal, Logiques, 1999, p. 25.

valeur, de sécurité physique ou de productivité; sentiment d'intimité et de connexion; sentiment d'être une structure unifiée. La famille doit aussi se sentir responsable, pouvoir relever des défis; elle doit ressentir de la joie et de la stimulation; elle doit pouvoir s'affirmer et être dotée d'une solide base spirituelle. Une famille a aussi besoin d'une mère et d'un père engagés dans une relation fondamentalement saine, se sentant suffisamment sûrs d'eux pour élever leurs enfants sans les contaminer. (John Bradshaw. *La famille*[1].)

Monsieur et madame retraités ne sont pas seuls au monde. Ils ont, pour la plupart, une famille, constituée avant tout de leurs parents vieillissants, de leurs enfants et de leurs petits-enfants. Monsieur et madame retraités aiment les uns et les autres, les écoutent et les consolent, les aident, les dépannent et les hébergent volontiers quand ils sont dans le pétrin. Ils tentent aussi de rendre la vie de leurs propres parents âgés plus douce, plus facile et moins solitaire.

Mais monsieur et madame retraités sont souvent déchirés entre leurs responsabilités familiales et leur besoin d'autonomie, d'aventure et de renouveau. Ils aimeraient parfois être plus libres de profiter de leur retraite, voir du monde, voyager, s'amuser et garder pour eux une bonne partie de tout le temps dont ils disposent et de leur argent, si durement gagné. Ils aimeraient ne pas toujours se sentir obligés de répondre aux besoins de tout un chacun avant de satisfaire les leurs. Mais ils sont aussi conscients qu'ils ont, plus que jamais, un rôle capital à jouer dans le contexte actuel d'insécurité matérielle et affective des jeunes familles, de précarité des emplois et du sentiment général d'impuissance face à un monde qui s'emballe dans son escalade d'indifférence et de violence.

Ils contribuent notamment à rassembler la famille, à garantir une forme de stabilité et de sécurité, à offrir un havre de paix et d'accueil et à participer à la réussite et à «l'élévation» des jeunes générations.

───────

1. Bradshaw, John. *La famille*, Montréal, Sciences et Culture, 2004, p. 62.

Je vis chez grand-maman et grand-papa

Aux États-Unis[1], en 2000, 6,3 % des enfants de moins de 18 ans étaient élevés par leurs grands-parents, soit parce que leurs parents étaient décédés ou divorcés ou parce qu'ils les avaient carrément abandonnés. Pour la plupart de ces grands-parents au grand cœur, fatigués ou disposant de peu de ressources financières, ce rôle est bien souvent difficile à assumer.

Amour, solidarité et contraintes

Lorsqu'elle est en bonne santé, fonctionnelle, la famille représente à la fois le premier lieu d'entraide et de soutien de ses membres et le dernier bastion où se réfugier loin des menaces et des dangers du monde extérieur (chômage, divorce, maladie, exclusion…). C'est aussi l'endroit privilégié où les plus âgés se sentent utiles, acceptés, valorisés, reconnus, aimés ; en sécurité, aussi, lorsqu'ils sont malades ou perdent leur autonomie.

Au sein d'une famille fonctionnelle règne un puissant sentiment d'amour et d'appartenance, car malgré leurs différences individuelles et des parcours de vie distincts, chacun se reconnaît dans la façon d'être, de penser et de se comporter des autres. Chacun partage aussi avec les autres des souvenirs, des valeurs, des traditions, des références et même quelques petits secrets et confidences. Chacun peut exprimer ses sentiments, ses besoins et ses attentes, car la communication est franche, ouverte et transparente.

La famille en bonne santé, c'est aussi le terreau fertile dans lequel chacun peut s'épanouir librement, développer sa propre identité et créer sa vie indépendamment des autres, sans crainte de représailles.

Dans une telle famille, si elle existe, les gens sont en général en excellente santé, physique et psychologique. Ils se sentent libres, compétents, confiants, sûrs d'eux-mêmes et prêts à affronter tous les dangers du monde extérieur.

---

1. *Seniorscopie, La lettre d'informations professionnelles de Notre Temps,* édition du 22 juillet 2002 : www.seniorscopie.com

À l'opposé, au sein d'une famille dysfonctionnelle, la manipulation est omniprésente, les relations tendues et embrouillées, les sentiments sont refoulés et les attentes gardées secrètes. On s'épie, on se jalouse, on se soupçonne, on se culpabilise et on se punit.

Dans une telle famille apparaissent généralement toutes sortes de problèmes : isolement, dépression, troubles liés à l'alimentation, alcoolisme, dépendance religieuse ou émotive, volonté handicapée, perfectionnisme à outrance et, parfois aussi, violence et exploitation financière des plus vieux.

Les (très chers) enfants de monsieur et madame retraités

Monsieur et madame retraités sont parfois pris entre deux feux. D'un côté, ils doivent accepter que leurs parents âgés exercent sur eux une certaine emprise, comme s'ils étaient encore des adolescents et même si cela les dérange au plus haut point. D'un autre côté, ils doivent accepter que leurs propres enfants refusent d'être envahis par eux, au nom de leur droit à l'autonomie. Il leur faut aussi admettre que leurs enfants s'éloignent géographiquement, pour vivre leur vie comme ils l'entendent, et établissent des règles strictes qu'eux-mêmes n'oseraient jamais imposer à leurs propres parents : ne pas débarquer sans prévenir, attendre d'être invité, ne pas se mêler de leur vie, de leur emploi du temps, de leurs vacances ou de l'éducation des enfants. Ne pas leur imposer de normes et de valeurs et ne pas leur faire subir de comparaison avec d'autres.

Si certains de ces chers enfants indépendants refusent aussi de se faire aider, financièrement ou autrement, d'autres s'attendent à voir monsieur et madame retraités accourir à tout moment en cas d'urgence pour les soigner, s'occuper des petits-enfants, prêter la voiture, faire des courses, le ménage, la lessive, effectuer des réparations, boucler les fins de mois ou les accueillir dans les moments de crise. Ces exigences, parfois assimilables à de l'exploitation, semblent pourtant aller de soi du point de vue des demandeurs.

Si, par malheur, monsieur et madame retraités refusent ou reportent à plus tard leurs élans de générosité, il arrive qu'on leur fasse sentir à quel point ils sont égoïstes et éloignés des valeurs de solidarité contemporaines.

Et leurs petits chéris

Monsieur et madame retraités entretiennent généralement d'excellentes relations avec leurs petits-enfants. Cette complicité va bien au-delà de l'aide et des contributions matérielles de tous ordres (cadeaux, vacances, études...). Ils partagent avec eux larmes et rires, plaisirs, jeux et bousculades, affection et tendresse, fantaisies et découvertes, secrets et confidences. Ils leur transmettent des « savoir-faire » et des connaissances, mais aussi quelques traditions, des valeurs, des histoires, des légendes et anecdotes propres à leur famille. Monsieur et madame retraités représentent la sécurité et la stabilité, particulièrement lorsque les jeunes familles se déchirent ou se séparent.

Grâce à leurs petits chéris, monsieur et madame retraités sont davantage actifs physiquement et intellectuellement et se sentent rajeunis, utiles, aimés et moins isolés aussi, lorsqu'ils vivent seuls.

Mais s'ils ne trouvent pas le bon équilibre entre proximité et distance, entre bonnes intentions et intérêts personnels, entre aider et se substituer aux parents dans l'éducation des petits, il arrive que monsieur et madame retraités deviennent quelque peu envahissants et étouffants, autant pour les petits que pour les grands.

Pour éviter les conflits et les douloureuses déceptions, et surtout pour vivre une retraite heureuse, monsieur et madame retraités, ainsi que leurs parents devenus arrière-grands-parents, devraient non seulement s'éloigner un peu de leurs enfants et de leurs petits-enfants, mais surtout s'entourer de leurs propres amis (de tous âges) et participer à des activités enrichissantes, en dehors de leur famille.

Des études[1] finlandaises et canadiennes ont toutefois montré que la présence des mères auprès de leurs filles non seulement favorise une procréation plus précoce, mais garantit également une meilleure éducation et une meilleure santé aux petits-enfants. Ainsi vaut-il mieux, parfois, être un

1. *Seniorscopie*, édition du 29 mars 2004.

grand-parent un peu encombrant (et s'améliorer ?) plutôt qu'indifférent, absent, indigne ou carrément rejeté.

À bon entendeur…

Une récente étude[1] française a montré que 80 % des grands-parents sont satisfaits de leur relation avec leurs enfants et 96 % de leur relation avec leurs petits-enfants. Par contre, seulement 31 % des parents des petits-enfants ont dit avoir de très bonnes relations avec leurs propres parents (80 % les trouvaient quand même bonnes). Ils leur reprochaient, notamment, d'emmener leurs enfants à l'église et d'être trop moralistes avec eux !

Des grands-parents d'occasion…

Si vous n'avez pas de petits-enfants, s'ils vivent trop loin ou si des conflits familiaux vous privent de leur présence, sachez que de nombreux petits-enfants sont à la recherche de grands-parents adoptifs par l'intermédiaire (en France) de l'Association grands parrains et petits filleuls[2]. Au Canada, on peut s'adresser à l'Association des grands frères et des grandes sœurs[3] qui propose une vaste gamme de programmes de *mentorat* dans lesquels les retraités sont les bienvenus.

Un wallaby aussi ?

«On demande un jour à un Perse dont on disait qu'il était un homme sage : "Tu as de nombreux enfants, quel est ton préféré ?" L'homme répondit : "Celui de mes enfants que je préfère, c'est le plus petit, jusqu'à ce qu'il grandisse ; celui qui est loin, jusqu'à ce qu'il revienne ; celui qui est malade, jusqu'à ce qu'il guérisse ; celui qui est prisonnier, jusqu'à ce qu'il soit libéré ; celui qui est éprouvé, jusqu'à ce qu'il soit consolé."»

---

1. Étude menée par Marie Geoffroy, sociologue et membre de l'École des Grands-parents européens : www.egpe.org
2. www.chez.com/grandsparrains
3. www.gfgs.qc.ca

Le wallaby est un petit marsupial voisin du kangourou dont la femelle porte pendant de longs mois son petit dans sa poche ventrale, un peu comme ces enfants adultes qui ne se décident pas à bondir hors du cocon familial et vivent encore chez papa et maman à 30 ans et plus. Les méchants les surnomment aussi les *ventouses* ou les *Tanguy*, par référence au film du cinéaste Étienne Chatiliez qui traite, avec beaucoup d'humour, de ce sujet délicat.

Aux wallabys s'ajoutent aussi, à l'occasion, les boomerangs, ces autres enfants adultes qui, après avoir pris leur envol, reviennent à la maison (parfois accompagnés d'un petit-enfant), dès que l'orage gronde un peu trop fort au-dehors.

Lorsque le coût des logements et des études est trop élevé, quand les emplois sont précaires, la séparation ou le divorce inévitables, la maladie trop grave ou le désir de retrouver la qualité de vie d'autrefois trop fort, les boomerangs rebondissent alors chez papa et maman.

Pour monsieur et madame retraités qui commençaient à rêver aux joies de la liberté, vivre au quotidien avec un wallaby ou un boomerang peut devenir une source de frustrations, de déceptions et de conflits. Cela, même s'ils aiment leurs enfants, ne leur veulent que du bien et sont prêts à tout faire pour les aider. Comment alors se sortir de cette impasse ?

▷ Combien sont-ils[1] ?

Pays ou région	Année	Jeunes hommes	Jeunes femmes	Tranche d'âge
Canada	1996	33 %	23 %	20 à 34 ans
Île-de-France	1999	27 %	15 %	25 à 29 ans
Alsace	2002	29,6 %	14,4 %	25 à 29 ans
Catalogne	2003	25 %	25 %	30 à 34 ans

1. Sources : Statistique Canada (www.statcan.ca), *Le Nouvel Observateur* (*40 % de ventouses*) (http://obsdeparis.nouvelobs.com/articles/p56/a8652.htm), Insee, n° 15, juin 2003 (*Les garçons restent plus longtemps chez leurs parents*) (www.insee.fr), Le petit journal des français de l'étranger (www.lepetitjournal.com)

146

Une retraite heureuse ? Ça dépend de vous !

Si les chiffres varient d'une région à l'autre et d'un pays à l'autre, partout les jeunes femmes semblent plus pressées que leurs frères de quitter le foyer familial.

✋ Quelques conseils

Si un wallaby ou un boomerang s'incruste chez vous et si vous souhaitez qu'il prenne au plus tôt la porte et… son envol, pour son bien et pour le vôtre (bien entendu), suivez ces quelques conseils. Souvenez-vous que votre mission consiste avant tout à l'aider à conquérir ou à reconquérir son indépendance d'adulte et non pas à l'inciter à passer le reste de ses jours accroché à vos basques. Discutez ouvertement avec lui de vos attentes, ainsi que de la durée probable du séjour à l'auberge papa-maman.

Ce n'est plus votre petit enfant

Si vous vivez seul, ne vous servez surtout pas de lui pour combler l'absence dans votre vie. Ne le traitez pas comme votre conjoint ou votre petit enfant, même si vous en mourez d'envie. Agissez avec lui comme avec des amis que vous dépanneriez temporairement. Ne vous mêlez pas de sa vie privée, de ses horaires de sommeil, de ses fréquentations ou de la façon dont il dépense son argent.

Pas à son service

Ne vous mettez pas à son service et exigez qu'il se comporte chez vous comme il le ferait chez des étrangers : avec courtoisie, respect, qu'il aide dans la maison et gère sa propre vie (alimentation, santé, rangement, propreté, etc.). Ne le laissez pas dicter les règles dans la maison et encore moins y inviter qui il veut ou y faire ce qu'il veut, si cela ne vous convient pas.

Il doit se remuer

S'il travaille, il devra contribuer partiellement aux dépenses de la famille et s'il ne travaille pas, il ne pourra pas passer ses journées assis devant la télé-vision. Il devra s'engager à suivre une formation et se chercher du travail. Il devra aussi se rendre utile dans la maison même s'il est malheureux et a besoin d'être réconforté.

Si votre boomerang est bougon

Souvenez-vous que, pour le boomerang, le retour chez papa et maman est souvent vécu comme un échec. Il est frustré et plutôt honteux de ne pas s'être hissé socialement, de ne pas avoir trouvé sa place, de ne pas avoir réussi sa vie affective, de devoir demander de l'aide, d'avoir eu à quitter son appartement (où il se sentait si bien). Son univers s'est écroulé et son estime personnelle est lourdement atteinte. Ne le brusquez pas trop! Il a besoin d'encouragements et d'égard.

Montrez-lui la porte

Si, après plusieurs mois et même plusieurs années, votre wallaby ou votre boomerang est toujours là, il faudra penser à lui montrer la porte, même si cela vous fend le cœur. Quitte à continuer à financer, bien évidemment, une partie de son installation ou de ses études. C'est souvent à ce moment-là, d'ailleurs, qu'il se décidera enfin à fournir les efforts nécessaires pour prendre rapidement son envol et même pour combler, avec un partenaire de son âge, le vide affectif créé par votre absence.

Des études ont montré que les jeunes adultes qui choisissent de réintégrer le nid familial, lorsqu'ils éprouvent des difficultés, sont deux fois plus nombreux à y revenir encore et encore que ceux qui ont décidé de se débrouiller seuls, d'où leur nom de boomerang. Ceux qui s'attardent trop longtemps chez leurs parents risquent aussi de devenir des adultes beaucoup plus dépendants sur les plans émotif et affectif et d'éprouver davantage de difficultés à affronter les problèmes du quotidien.

Les parents âgés

Avec le formidable allongement de la vie, monsieur et madame retraités pourront côtoyer encore, durant de nombreuses années, les vénérables aînés que sont devenus leurs parents. Vieillir ne signifie plus forcément vivre malade ou devenir dépendant. En 2001[1], par exemple, 80 % des Français âgés de

---

1. Attias-Donfut, Claudine, Lapierre, Nicole et Segalen, Martine. *Le nouvel esprit de famille*, Paris, Odile Jacob, 2002, p. 112.

plus de 75 ans et 44 % des plus de 90 ans étaient encore autonomes et actifs. Cela donne à la fois la chance et le temps, à toutes les générations de la famille, d'approfondir des relations de qualité.

Ils sont donc tous là, présents, en demande d'affection et d'attention, désireux de se sentir utiles et faisant partie intégrante de ce vaste monde. Ils sont prêts, encore, à transmettre les valeurs et les traditions familiales, à rassembler toute la famille, à donner des conseils, à aider les petits et les grands à résoudre leurs différends ou à se réconcilier. Et bien sûr aussi, quand ils le peuvent, ils sont disponibles pour les aider à se lancer dans la vie ou à s'élever socialement, par exemple en payant des études, en prêtant de l'argent, en faisant des dons ou en consentant des héritages anticipés.

En retour de leur aide et de tout ce qu'ils ont fait depuis toujours pour leur famille, ils s'attendent, tout naturellement, à être, à leur tour, soutenus, aidés et aimés lorsqu'ils perdront progressivement leur autonomie ou tomberont malades.

Dans une famille saine et unie, aider les parents âgés va de soi, autant pour les petits que pour les grands. En principe, on ne se pose même pas la question. Mais de là à passer à l'acte, tous ensemble, lorsque la demande est lourde et quotidienne...

Parents, grands-parents et arrière-grands-parents...

En 1999[1], il y avait en France 12,6 millions de grands-parents, dont 2 millions d'arrière-grands-parents, ainsi que 30 000 arrière-arrière-grands-parents à la tête d'une lignée de 5 générations vivantes. Plus de 70 % des arrière-grands-parents étaient des femmes.

LORSQU'ILS ONT BESOIN D'AIDE...

« Je me sens tellement coupable d'être si souvent impatiente et en colère contre ma malade préférée. Si ma mère change ses habitudes sans me

---

1. Insee, recensement de 1999.

prévenir ou si elle perd ses lunettes plusieurs fois de suite dans la même journée, je me fâche. Je sais pourtant que ce n'est pas de sa faute et que je peux être tellement plus compréhensive. En fait, je n'en peux plus d'être seule à m'occuper d'elle et j'ai bien peur de craquer. J'ai appelé mes frères et sœurs au secours, mais ils ne m'entendent pas. Ils sont probablement trop occupés pour se soucier de mes tourments ou de l'état de santé de ma mère. Qui va m'aider?»

L'aide accordée aux parents âgés malades ou en perte d'autonomie est un curieux mélange de contraintes et de liberté, d'amour et de frustrations, de générosité et d'obligations, de reconnaissance et de devoir, de révolte et de culpabilité, ainsi que, parfois aussi, de frictions et de mésententes entre l'aidé et l'aidant. L'aidant étant le plus souvent une femme, l'aînée de la famille ou la célibataire de service. Ce sont rarement les fils ou les frères, surtout lorsqu'ils sont eux-mêmes des parents ou grands-parents.

La fatigue, physique et nerveuse, les difficultés à concilier l'emploi du temps personnel avec les demandes de la personne aidée, l'impression parfois d'être son prisonnier ou encore l'impossibilité de se refaire une vie à la retraite, après une vie de labeur et de dévouement à sa propre famille, mettent souvent la relation sous tension et les nerfs à fleur de peau. Cela est particulièrement vrai lorsque la personne aidée se met à jouer les tyrans, à donner des ordres sans appel, à traiter celui qui aide avec dureté et méchanceté ou à critiquer tout ce qu'il entreprend.

S'il est aisé de comprendre que la souffrance ou l'angoisse d'un aîné, à l'idée de franchir, seul, les dernières années de sa vie, puisse le rendre parfois impatient et irritable, il peut aussi être frustrant de recevoir si peu de reconnaissance en retour de sa générosité (sauf peut-être, à l'occasion, une aide matérielle).

Il est aussi frustrant de réaliser que la génération des parents de monsieur et madame retraités trouve encore normal de voir ses filles se «sacrifier» et non pas ses fils, ou même ses petits-enfants.

En conséquence, certaines éprouvent de la colère (une colère sourde) ; d'autres ont le sentiment d'avoir été flouées, et cela d'autant plus que, lorsqu'à leur tour elles auront besoin d'aide, elles pourront difficilement compter sur leurs propres enfants, lorsqu'elles en ont...

Mais l'aide et l'accompagnement d'un parent âgé en perte d'autonomie peuvent aussi être envisagés d'un autre point de vue. Il peut s'agir d'un privilège et d'une opportunité unique de croissance, d'une occasion exceptionnelle de renforcer et de faire évoluer les liens avec celui que l'on aide et de lui rendre tout l'amour et les soins qu'il a donnés avec générosité. On peut éprouver une certaine fierté à ne pas l'abandonner et à lui permettre ainsi de continuer à vivre normalement chez lui, le plus longtemps possible, et de demeurer une personne à part entière, libre, digne, entourée et aimée. Ce sentiment de fierté est encore plus grand lorsqu'on en réalise les effets positifs : meilleure santé physique et psychologique, qualité de vie, estime personnelle préservée...

Mais alors, comment agir, seul, sans s'épuiser et sans se sacrifier pour autant ? Les hommes, les frères, les maris, les petits-enfants et tous ceux qui ont été dorlotés et aidés, ne devraient-ils pas s'investir aussi ? Les gouvernements ne devraient-ils pas également aider davantage (différemment) les familles et, surtout, reconnaître et soutenir le travail de l'aidant naturel avant qu'il ne s'épuise totalement ? La société tout entière ne devrait-elle pas en outre contribuer à donner un sens à la vie de ses honorables aînés et cesser ainsi de les reléguer dans l'isolement et l'inutilité ?

Oui, bien sûr ! Et heureusement, de nombreuses initiatives, locales et gouvernementales, sont déjà mises en place, un peu partout et depuis quelques années. Elles ont pour but non seulement de soutenir les familles, mais aussi de renforcer les liens entre les générations et d'intégrer davantage les aînés dans la communauté.

Centres d'hébergement et maisons de retraite

Même si tous ces lieux constituent une excellente solution de rechange à l'isolement et à la dépendance, si la majorité d'entre eux ne sont pas des repoussoirs, s'il est souvent possible d'y vivre comme chez soi et d'y trouver du personnel qualifié, attentif et respectueux, il n'en demeure pas moins qu'ils font peur, aux aînés et à leur famille. Cette crainte est entretenue par tous les cas de maltraitance (violence, bousculade, atteinte à la dignité) rapportés fréquemment par les médias. Merci aux médias ! Grâce à eux, il sera difficile, dans l'avenir, de maltraiter ainsi nos vénérables aînés, et nous-mêmes, les baby-boomers, lorsque viendra peut-être notre tour...

Un conseil, pour finir

Si vous êtes un aidant naturel et trouvez votre situation trop difficile, osez en parler sans vous sentir coupable !

Exigez que votre famille discute ouvertement du problème. Rappelez que la qualité de l'aide apportée à vos parents repose avant tout sur le degré de cohésion de la famille. Demandez à chacun ce qu'il compte faire et jusqu'où il est prêt à s'engager (et sinon, pourquoi). Ne laissez pas vos parents justifier le désengagement de certains de leurs enfants, au nom de valeurs ou de privilèges dépassés. Établissez des limites fermes entre ce que vous pouvez et ce que vous voulez faire. Agir ainsi vous évitera d'être entraîné dans une escalade où l'amour, la reconnaissance et l'attachement céderont la place à la discorde et à la culpabilité ; une situation que tous disent regretter, une fois les chers parents disparus.

Se suicider à la retraite

Je pense que les hommes se suicident parce que, dans notre société, on propose (surtout aux hommes) la mort volontaire comme une solution pour résoudre nos problèmes. La mort volontaire est de plus en plus présentée comme un fait divers. Une banalité. La fin des tourments, la fin apparente des tourments, une libération, un acte osé, une solution radicale. Un droit. Un geste héroïque. Une claque sur la gueule à la société, la dernière grimace d'un homme au monde, la transgression ultime. Mais c'est aussi une rupture de langage, la fin du dialogue, le bout du monde. Le silence. (Marc Chabot. «Pourquoi tant d'hommes se suicident-ils[1] ? »)

---

1. Extrait d'une conférence (Québec, 11 février 1998). Voir aussi : Chabot, Marc. *En finir avec les voix du suicide,* Montréal, VLB, 1997.

Arrêtons-nous quelques instants à un phénomène inquiétant, préoc-
cupant et quelque peu tabou encore, soit l'augmentation du nombre de suicides des personnes âgées de 65 ans et plus, surtout des hommes.

Au Québec[1], par exemple, une étude menée par le chercheur Michel
Préville, du Centre de recherche sur le vieillissement de l'Université de
Sherbrooke, a révélé que, dans cette tranche d'âge, le nombre de suicides a
augmenté de 85,4 % entre 1977 et 1997 et devrait atteindre 248 % d'ici 2043.
Aux États-Unis, les 65 ans et plus commettent 20 % des suicides alors qu'ils
ne représentent que 13 % de la population. Pour sa part, la France[2] détient
l'un des taux les plus élevés d'Europe avec 44 suicides pour 100 000 habitants
chez les 65 ans et plus et 98 au-delà de 75 ans.

Méchante déprime !

Selon l'Organisation mondiale de la santé[3], la dépression, caractérisée
par la tristesse, la perte d'intérêt pour les activités et une baisse d'énergie,
serait à l'origine de 60 % des suicides. Or, en France, par exemple, 16 % de la
population est «en risque de déprime» contre seulement 9 % en Allemagne
et 5 % aux États-Unis.

Les hommes d'abord…

Environ 80 % des suicides sont commis par les hommes et les moyens
qu'ils utilisent sont violents et radicaux : pendaison, défenestration, arme à
feu… Au Québec[4], en 2001, sur 1 334 personnes qui se sont suicidées, 1 055
étaient des hommes.

---

1. www.cdrv.ca
2. *L'Express,* édition du 2 octobre 2003.
3. Servan-Schreiber, Jean-Louis. «Suicide et choix», www.psychologies.com, février 1999.
4. *Le Journal de Montréal,* édition du 5 mai 2004, p. 25.

BABY-BOOMERS EN DANGER

Selon la Direction de la recherche, des études, de l'évaluation et des statistiques[1] (DRESS), la génération des baby-boomers sera particulièrement sensible au suicide. Les raisons évoquées par les spécialistes sont : la remise en cause du système de valeurs traditionnelles, dont ils sont pourtant à l'origine, l'individualisme croissant et, pour les hommes, la perte de leurs repères à l'égard de leur rôle dans le couple et la famille, la crainte de ne pas être à la hauteur et la difficulté à accepter d'être vulnérables.

À cela s'ajoutent les pertes et les ruptures liées au départ à la retraite, puis au vieillissement, l'exclusion quasi systématique des «vieux», l'indifférence à l'égard de la souffrance des autres, la détérioration progressive de la qualité de vie et l'isolement dus, en grande partie, à l'augmentation de l'espérance de vie. Toutes ces pertes ont un effet direct sur l'image et l'estime de soi et sur la vision, ou l'absence de vision, de l'avenir (le sens donné à la vie).

Les baby-boomers seront très nombreux à atteindre 65 ans et à prendre leur retraite aux alentours de 2010. Le suicide pourrait alors devenir un problème majeur de santé publique si des politiques efficaces de prévention ne sont pas rapidement établies. Mais il ne suffira pas d'offrir des thérapies individuelles ou de mettre en place des lignes téléphoniques d'écoute et d'entraide dans les moments de crise. Il faudra aussi instaurer des projets qui ouvrent la voie vers de nouveaux rêves et de nouvelles passions, des activités qui permettent de s'intégrer dans la communauté et de se sentir utile. Il sera également nécessaire de mettre l'accent sur le jeu, le plaisir et l'amitié.

CONDITION MASCULINE ET SUICIDE

Pourquoi tant d'hommes ? Parce que les hommes, pour la plupart, surtout les anciens cadres, restent très attachés à leur identité professionnelle et

---

1. Anguis, Marie, Cases, Chantal et Surault, Pierre. *L'évolution des suicides sur une longue période : le rôle des effets d'âge, de date et de génération*, DRESS, Études et résultats, n° 185, août 2002.

finissent par s'ennuyer et se sentir inutiles à la retraite. Parce que les hommes ne parlent pas, ou parlent peu, de leurs problèmes et n'expriment pas, ou expriment peu, leurs sentiments. Parce qu'ils ont été programmés pour montrer d'eux-mêmes une image traduisant la force, la stabilité et la réussite et qu'ils répugnent généralement à demander de l'aide. Parfois aussi, lorsqu'ils souhaitent enfin se confier, ils ne trouvent pas les ressources adéquates dans leur milieu.

MASLOW A ENCORE RAISON

Être un homme implique un travail, un effort qui ne semble pas être exigé de la femme. (Élisabeth Badinter. *L'un et l'autre*[1].)

Nous savons maintenant que le bien-être physique et psychologique d'une personne repose, dans une proportion de 85 %, sur la satisfaction de ses besoins d'amour, d'appartenance et d'estime, sur la possibilité d'actualiser son plein potentiel, ainsi que, dans une proportion de 15 %, sur la satisfaction de ses besoins en matière de survie et de sécurité.

En reportant la liste des pertes et des ruptures associées à la retraite et au vieillissement sur la pyramide des besoins humains du psychologue Abraham Maslow, on peut constater que toutes les catégories de besoins sont concernées.

Lorsque les pertes s'accumulent, que la souffrance physique devient intolérable, que l'humiliation et l'exclusion sont à leur comble et l'isolement trop pénible, lorsque l'impression de ne plus compter pour quiconque devient trop douloureuse et que la vie semble… sans avenir, lorsque, enfin, la pyramide devient trop fragile et s'effondre, la dépression finit par s'installer. Certains hommes choisissent alors de mettre fin à leurs souffrances de façon radicale et définitive.

---

1. Badinter, Élisabeth. *L'un et l'autre. Des relations entre les hommes et les femmes*, Paris, Odile Jacob, 1986.

Les femmes, au contraire, préfèrent, pour la plupart, prendre des pilules, appeler à l'aide, parler, consulter... et se plaindre.

▷ **Suicide chez les aînés : facteurs de risque**

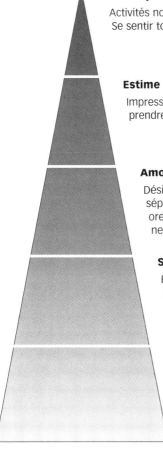

Accomplissement de soi
Activités non stimulantes ou inexistantes/Vide existentiel/
Se sentir totalement inutile, sans avenir

Estime
Impression d'avoir raté sa vie/Avoir été forcé de
prendre sa retraite/Perte du permis de conduire

Amour, affection et appartenance
Désintégration de la famille, pertes affectives, deuils,
séparation/Perte des amis/Ne pas disposer d'une
oreille attentive pour se confier/Sentiment de
ne plus compter pour personne, de déranger

Sécurité et protection
Environnement totalement indifférent,
fermé/Maltraitance, exploitation/Pertes
importantes de revenus

Survie
Maladies chroniques, douleurs
insupportables/Peur de vieillir/Placement
en institution/Vie sexuelle inexistante
ou non satisfaisante

LES SIGNAUX D'ALARME

Même si l'entourage ne voit pas ou ne veut pas voir les signaux d'alarme et de détresse de la personne qui a l'intention de se suicider, dans 75 % des cas, ceux-ci sont pourtant assez clairs. Apprendre à les reconnaître peut contribuer à sauver la vie d'une personne chère. En voici quelques-uns :

➤ Repli sur soi ;

➤ Perte de l'appétit ou boulimie ;

➤ Sautes d'humeur ;

➤ Agressivité ;

➤ Augmentation de la consommation d'alcool ;

➤ Hygiène négligée ;

➤ Changement radical dans le comportement ;

➤ Sommeil perturbé ;

➤ Don de certains objets ;

➤ Préparation du testament ;

➤ Signes, parfois subtils, lancés à l'intention de l'entourage et annonçant que, bientôt, «on ne sera plus un poids pour les autres».

Beaucoup ne tiennent pas compte de ces signaux parce qu'ils les associent au vieillissement normal, se sentent impuissants devant le désespoir de l'autre et ont peur d'en parler. D'autres, même des spécialistes, considèrent qu'une personne âgée a le droit de mettre fin à ses jours si la vie n'a plus de sens pour elle. Ils estiment donc ne pas avoir à intervenir.

Si vous soupçonnez une personne de votre entourage de vouloir mettre fin à ses jours, vous devez en parler avec elle et l'inciter à exprimer sa douleur et sa souffrance. Non ! Cela ne précipitera pas son dessein ! Surtout, ne lui faites pas la morale, ne minimisez pas son problème et ne lui donnez pas les recettes du bonheur. Tout ce dont elle a besoin, c'est de se sentir entourée, appréciée…

et utile. Aidez-la! Proposez-lui des activités et ne la laissez pas tomber dès qu'elle semble aller un peu mieux. Et puis, surtout, demandez l'aide d'un professionnel, idéalement une personne sensible à la psychologie des aînés.

S'amuser, aller vers les autres et relever des défis

Contrairement aux idées reçues, la retraite offre de multiples occasions de rencontrer et de retrouver les autres, de s'amuser et de se sentir utile, d'actualiser son plein potentiel et de donner un sens à sa vie.

L'époque de la chaise berçante, de la pétanque et du bingo comme uniques sources de loisirs quotidiens est révolue. Pour ceux que ce type d'activités ne comble pas pleinement, bien entendu!

La tâche sera probablement plus difficile pour les timides, les réservés ou ceux qui éprouvent des difficultés à s'affirmer. Ceux-là risquent même de s'isoler davantage. Mais, heureusement, la confiance en soi, la motivation, la capacité de nouer des liens, la collaboration, et bien d'autres compétences encore, peuvent être développées durant toute la vie. Elles le sont, non pas de façon rationnelle, dans les livres, en participant à des séminaires ou en assistant à des cours, mais bien par des expériences sur le terrain, partout, à l'école de la vie, en interaction avec les autres et en s'engageant dans des activités, même si on ne s'y sent pas toujours à l'aise.

Le prochain chapitre propose des pistes pour s'intégrer harmonieusement dans l'univers de la retraite et y puiser toutes les ressources nécessaires à son plein épanouissement. Il s'agit d'un vaste programme et... d'un sacré défi!

Êtes-vous bien entouré ?

Comment vous sentez-vous aujourd'hui ? Bien entouré ? Seul, mais pas tout seul ? Isolé ?

(1) Ça va bien – (2) À améliorer – (3) À reconstruire

	1	2	3
Moi. Je suis capable de dépasser ma timidité, mon manque de confiance ou mes préjugés pour aller au-devant des autres.			
À deux. Nous accordons suffisamment de place aux autres (les amis, la famille, la vie sociale) dans notre vie.			
Seul. Je suis suffisamment à l'aise dans ma solitude pour profiter pleinement de ma retraite sans me sentir isolé.			
La famille. Ma famille est suffisamment solidaire pour accourir dès que l'un de nous éprouve des difficultés majeures.			
Les amis. Je suis capable de maintenir longtemps mes relations amicales.			
Mes parents âgés. Je fais pour eux ce que je voudrais que les autres me fassent lorsque je serai vieux à mon tour.			
La communauté. Je me sens bien intégré et accepté dans ma communauté. J'y ai ma place.			

Chapitre 5

L'équilibre intellectuel

Chaque être humain est porteur d'une dynamique de vie originale qui contient tout son potentiel d'action, de réalisation et d'existence. Comprendre la dynamique qui nous porte est donc, à la fois, le point de départ et la clé de voûte de tout développement personnel véritable. Celui qui ignore la nature exacte de sa dynamique de vie ne peut en effet ni utiliser pleinement son potentiel, ni connaître le véritable épanouissement qui consiste à exprimer dans l'existence réelle ce que l'on est potentiellement.(Jean-François Decker. *Mieux connaître sa personnalité*[1].)

Avec ce dernier chapitre, nous terminons notre ascension vers le sommet de la pyramide des besoins humains d'Abraham Maslow, là où se situent les besoins d'accomplissement de soi. Les besoins d'accomplissement sont particuliers, car ils ne sont pas vitaux. Il est en effet possible de passer une vie entière sans jamais développer et mettre à contribution ses talents, ses compétences ou ses habiletés, sans jamais se sentir responsable du

---

1. Decker, Jean-François. *Mieux connaître sa personnalité*, Paris, Eyrolles pratique, 2003.

monde dans lequel on vit et, bien sûr, sans mener une vie spirituelle. Il est également difficile de combler ces besoins, si les autres (survie, sécurité, appartenance…) ne le sont que partiellement ou pas du tout. C'est en partie pour ces raisons (il y en a d'autres) qu'à peine 10 à 15 % des gens parviennent à s'accomplir pleinement.

Des études ont montré que les retraités qui éprouvent le plus de difficultés à s'adapter à leur nouvelle vie et à s'y épanouir, ainsi que ceux qui souffrent le plus d'isolement et de dépression, sont très peu engagés, voire pas du tout, dans des projets et des activités qui sollicitent au maximum leurs talents, leurs habiletés et leur force et susceptibles de donner un nouveau sens à leur vie. Ces retraités ont aussi peu d'occasions d'entrer en relation avec les autres, de collaborer avec eux ou de les aider.

Dans ce chapitre, nous verrons comment il est possible de continuer à actualiser son plein potentiel à la retraite. Différemment sans doute, mais de façon tout aussi enrichissante et stimulante (et parfois beaucoup plus !). Nous verrons aussi que, pour se fixer de nouveaux buts, choisir des projets, des activités ou même un emploi qui procurent le maximum de bien-être, il est bon de découvrir (ou de redécouvrir) sa personnalité et ses propres valeurs do-minantes. Il faut ensuite s'engager dans une démarche systématique pour être sûr d'atteindre les objectifs fixés, mais il est aussi nécessaire de traquer les obstacles qui risquent de ralentir nos ardeurs.

(Re)découvrir sa personnalité

La personnalité est la manière habituelle d'être et de se comporter d'une personne. Innée, puis acquise au cours de l'existence, elle est constituée à la fois de traits physiques et psychologiques, de qualités morales et de valeurs, de besoins et d'intérêts, d'aptitudes et de capacités, de forces et de faiblesses, de limites et de résistances. C'est la personnalité qui détermine en grande partie les rêves et les aspirations d'une personne, ses préférences et ses motivations. C'est la personnalité aussi qui inspire les buts que cette personne se fixe dans la vie, les projets et les activités dans lesquels elle s'engage.

Et pourtant, lorsqu'on demande aux gens en général, et aux participants à des cours de préparation à la retraite en particulier, de révéler leur personnalité et leurs valeurs dominantes, peu y parviennent spontanément.

Les pages qui suivent devraient les aider à faire un peu plus connaissance avec eux-mêmes.

Les types de Holland

La typologie professionnelle RIASEC ou typologie de Holland[1], du nom de son concepteur, le psychologue américain John L. Holland, est utilisée couramment par les spécialistes de l'orientation scolaire et professionnelle. Elle permet de cerner la personnalité des gens afin de les aider à choisir la profession ou le métier qui leur convient le mieux. Cette typologie est également très efficace pour déterminer les projets et les activités les plus satisfaisants et qui procurent le plus de bien-être à la retraite, ainsi que le type d'emploi idéal pour ceux qui souhaitent retourner sur le marché du travail.

D'autres classifications…

Plusieurs auteurs ont élaboré leur propre typologie des types de personnalité. Par exemple, Helen Palmer[2] a défini neuf profils de personnalité (perfectionniste, altruiste, gagnant, créatif, observateur, loyaliste, épicurien, meneur et médiateur), Florence Littauer[3] a distingué quatre types de tempéraments

1. Cette typologie qui a été révisée à plusieurs reprises au cours des 25 dernières années a valu au Dr Holland un prix de l'American Psychological Association, en 1995.

   Voir notamment : www.self-directed-search.com (site en anglais où il est possible de passer un test pour découvrir son type de personnalité).

   Cyr, Marius et Maurais, Yves. *S'orienter à partir de soi*, Sainte-Foy, Septembre, 1999.

   Dalceggio, Pierre. « Les approches pédagogiques », Dessaint, Marie-Paule, dir. *La conception de cours. Guide de planification et de rédaction*, Sainte-Foy (Québec), Presses de l'Université du Québec, 1995, p. 357.

2. Palmer, Helen. *L'ennéagramme*, Chêne-Bourg, Vivez Soleil, 2000.

3. Littauer, Florence. *Personnalité plus*, Saint-Hubert, Un monde différent, 1990.

(flegmatique, sanguin, mélancolique et colérique) et Jean-François Decker[1], quatre dynamiques de vie (jouissance, curiosité, valorisation de l'*ego* et action sur le monde). Ces auteurs, et d'autres encore, ont tenté de cerner l'influence de la personnalité sur la vie personnelle, relationnelle et professionnelle.

RIASEC, VOUS AVEZ DIT ?

L'analyse des habiletés, des valeurs, des intérêts et de certains traits de caractère d'un grand nombre de personnes a permis au professeur Holland de les regrouper en six grandes catégories. Une personne appartient toujours, en priorité, à un seul type de personnalité dominant (réaliste ou investigateur ou artistique, etc.), mais elle présente aussi des caractéristiques d'au moins un autre type de personnalité (parfois deux). Comme le montre le croquis ci-contre, les possibilités sont nombreuses, heureusement, car cela confère à chacun d'entre nous son originalité.

Une personne de type social/investigateur, par exemple, pourra s'engager dans des activités de bénévolat, de secourisme ou dans des causes humanitaires. Elle voudra peut-être aussi se maintenir en bonne forme physique et travailler dans les domaines de la massothérapie ou des nouvelles technologies.

Une autre personne, de type réaliste/investigateur, s'intéressera certainement davantage aux animaux, au point d'ouvrir une garderie pour chiens et chats ou d'apprendre l'art du toilettage pour «Pitou et Minou». Elle voudra probablement participer à des voyages d'aventure, explorer des sentiers de randonnée pédestre, observer les oiseaux ou travailler sur une ferme biologique. (Des suggestions d'activités de retraite pour chaque type de personnalité se trouvent aux pages 185 à 190.)

---

1. Decker, Jean-François. *op. cit.*

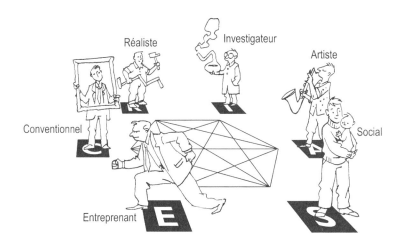

QUELLE EST VOTRE PERSONNALITÉ ?

En vous aidant du tableau ci-dessous, déterminez tout d'abord votre personnalité dominante, puis une autre personnalité avec laquelle vous sentez des correspondances (deux si vous le souhaitez). N'oubliez pas d'inscrire votre résultat dans votre calepin copain, car cette information vous sera précieuse lorsque vous aurez à choisir des activités.

▷ **Typologie de Holland**

Personnalité	Intérêts et préférences	Aptitudes, talents, compétences
Réaliste.	Tout ce qui est concret, pratique et en rapport avec la nature : activités manuelles, manipulation d'outils et d'instruments, pêche, agriculture, jardinage, animaux, forêt…	Habiletés manuelles, dextérité, coordination physique, sens de la précision. Construction, réparation, mécanique. Endurance physique et persévérance. Franchise. Sens pratique.

Personnalité	Intérêts et préférences	Aptitudes, talents, compétences
Investigateur.	Activités scientifiques et mathématiques. Recherche, investigation, résolution de problèmes et d'énigmes. Enrichissement de l'esprit. Rigueur, méthode, logique, objectivité. Malaise dans la routine.	Attiré par les idées, les concepts, les théories, les phénomènes, les mécanismes, les processus et le langage abstrait. Réservé, rationnel, prudent dans ses jugements. Capable d'analyse et de synthèse. Doté du sens de l'observation.
Artistique.	Créer pour exprimer des idées, des goûts, sa personnalité. Changer les choses. Travailler seul la plupart du temps.	Doté du sens esthétique. Spontané, créatif, expressif, sensible, intuitif, idéaliste, imprévisible, indépendant. Doté d'une bonne acuité visuelle.
Social.	Travailler avec les autres, les aider, les conseiller. Collaborer, coopérer, rendre service.	Entretient des relations de qualité. Est attentif aux autres, compréhensif, sympathique, dévoué. Possède des aptitudes à la communication. A le sens des responsabilités.
Entreprenant.	Organiser, diriger, superviser, contrôler. Influencer et persuader les autres. Trouver des solutions rapides à des problèmes imprévus. Recevoir honneurs et prestige.	Est audacieux, ambitieux, dominant. Possède du leadership, un sens de l'organisation. Centre son attention sur les résultats. Est optimiste, enthousiaste, motivé.

Personnalité	Intérêts et préférences	Aptitudes, talents, compétences
Entreprenant.	Travailler sous pression.	Possède des aptitudes à la communication, à la diplomatie. Respecte les échéances. À le sens des responsabilités.
Conventionnel.	Travail de bureau et de classement. Travail méthodique selon des normes établies.	Stable, efficace, sens de l'organisation, perfectionniste. Mémoire du détail. Digne de confiance, consciencieux, discret.

Les valeurs : des références et des préférences

Qu'est-ce qu'une nouvelle valeur ? C'est celle qui interpelle et appelle. C'est celle qui ouvre des horizons plus satisfaisants et plus cohérents avec une certaine vision de la vie. C'est celle qui conduit à une conception différente du quotidien. C'est celle qui met en projet. On pourrait même affirmer qu'il est temps de remettre en question ses valeurs personnelles quand on ne se sent plus en projet, donc en progression. C'est alors le signe d'une inertie axiologique. (Claude Paquette. *Pour que les valeurs ne soient pas du vent*[1].)

En tant que composantes de la personnalité, les valeurs sont, tout comme elle, relativement stables. Elles évoluent et se raffinent toutefois, graduellement, sous l'influence de facteurs tels que l'environnement, l'époque, les revenus, les conditions de vie, l'âge, l'état de santé… Souvent inconscientes, les valeurs n'en dictent pas moins nos activités quotidiennes et leur donnent une direction. Elles traduisent ce qu'il y a de plus profond en nous. Si nous y dérogeons ou s'il nous est impossible de les exprimer pleinement, nous nous sentons généralement

---

1. Paquette, Claude. *Pour que les valeurs ne soient pas du vent,* Victoriaville, Contreforts, 2002, p. 84.

en déséquilibre et ressentons certains malaises : sentiment diffus de faute ou de manquement, culpabilité, anxiété, impression de rejet, doute quant au sens à donner à notre vie.

Milton Rokeach[1], psychologue et professeur à l'université du Michigan, a consacré toute sa vie professionnelle à définir et à classer les valeurs. Il les a regroupées en deux catégories : les **valeurs terminales** et les **valeurs instrumentales**.

Les valeurs terminales représentent les buts et les objectifs dans la vie, alors que les valeurs instrumentales sont les moyens utilisés et les comportements adoptés pour atteindre ces buts et ces objectifs.

Plusieurs classifications…

Tout comme pour les différents types de personnalités, plusieurs chercheurs ont élaboré leurs propres définitions et classifications des valeurs. On doit notamment à Shalom H. Schwartz[2] et à ses collaborateurs une typologie assez récente, adaptée des travaux de Milton Rokeach (décédé en 1988). La typologie de Schwartz comprend dix types motivationnels : l'auto-orientation, la stimulation, l'hédonisme, l'accomplissement, le pouvoir, la sécurité, la conformité, la tradition, la bienveillance et l'universalité.

LES VALEURS TERMINALES[3]

Vous pouvez maintenant tracer le «portait» de votre personnalité en déterminant les valeurs dominantes qui vous guident dans la vie. Entourez le chiffre qui correspond au degré d'importance que vous accordez à chacune des valeurs terminales de la liste qui suit. Dans la dernière colonne, indiquez aussi, si vous le désirez, de quel type de personnalité de la typologie de Holland ces valeurs se rapprochent le plus.

---

1. Rokeach, Milton. *The Nature of Human Values,* New York, Free Press, 1973.
2. Schwartz, Shalom H. et Bilsky, Wolfgang. «Vers une théorie de l'universalité des valeurs : extensions et reproductions interculturelles», *Recherches et applications en marketing,* vol. 8, n° 4, 1993, p. 77 à 106.
3. Ces listes de valeurs, adaptées de la typologie de Rokeach, proviennent de Dessaint, Marie-Paule, dir. *La conception de cours, op. cit.,* p. 20.

> **Valeurs terminales (Valeurs personnelles et valeurs sociales)**

(1) Très important – (2) Important – (3) Peu important

	1	2	3	Type de personnalité
Amitié, fraternité.				
Amour, intimité sexuelle, communion spirituelle.				
Beauté, esthétique.				
Bonheur, contentement, satisfaction.				
Confort, prospérité.				
Contribution à la société (reconnaissance sociale).				
Égalité des chances.				
Estime de soi, considération et respect de soi.				
Harmonie intérieure (absence de conflits intérieurs).				
Liberté.				
Paix dans le monde.				
Plaisir, hédonisme.				
Réussite sociale (sentiment d'avoir réussi).				
Sagesse.				
Sécurité familiale.				
Vie active, stimulante.				

Cette fois encore, notez votre résultat dans votre calepin copain.

Vérifiez maintenant si les valeurs que vous avez retenues correspondent bien à votre type de personnalité déterminé plus tôt. Demandez-vous aussi à quel degré vous êtes parvenu, jusqu'à présent, à respecter ces valeurs dans votre vie personnelle et professionnelle. Interrogez-vous également afin de savoir si le fait de quitter le marché du travail va vous empêcher de pratiquer ou de faire valoir certaines valeurs ou, au contraire, vous permettre d'exprimer davantage celles auxquelles vous tenez le plus.

Aimeriez-vous ajouter à cette liste des valeurs qui n'y apparaissent pas ?

LES VALEURS INSTRUMENTALES

Cochez maintenant les valeurs instrumentales qui vont vous permettre d'atteindre les valeurs terminales que vous venez de déterminer.

> **Valeurs instrumentales** *(Valeurs morales et valeurs de compétence)*

Ambition.	
Autonomie, indépendance.	
Compétence, efficacité.	
Courage (être prêt à défendre ses idées, ses convictions).	
Courtoisie, respect des autres, bonnes manières, politesse.	
Créativité, audace.	
Discipline, maîtrise de soi, modération.	
Gaieté, bonhomie.	
Honnêteté, droiture, sincérité.	
Largesse d'esprit, ouverture d'esprit.	
Logique, raisonnement.	
Mansuétude, clémence (être prêt à pardonner, à oublier).	
Propreté et ordre.	
Sens des responsabilités (être digne de confiance).	
Soumission, obéissance.	
Tendresse, affectivité, émotivité.	
Vie intellectuelle.	

Cette analyse vous suggère-t-elle de consolider ou de transformer certains aspects de votre vie, de votre personnalité? Vous incite-t-elle à faire de nouveaux apprentissages pour atteindre vos objectifs?

Aimeriez-vous ajouter à cette liste des valeurs qui n'y apparaissent pas?

DES VALEURS EN ÉVOLUTION

Certaines personnes reprochent à la typologie de Rokeach, élaborée dans les années 1970 aux États-Unis, non seulement de ne pas être suffisamment adaptée aux valeurs contemporaines, mais aussi de trop refléter la culture nord-américaine. Qu'en pensez-vous? Croyez-vous aussi que l'ouverture sur le monde, en partie grâce aux médias et aux nouvelles technologies, a pu transformer quelque peu les valeurs? Ainsi que, notamment, la mondialisation, la laïcisation, la production en série, l'urbanisation, la bureautique, les meilleures conditions de vie et l'augmentation du temps libre?

Les valeurs des autres

La plupart de nos agissements trouveraient leur source dans des concepts, des valeurs et des attitudes qui nous viennent de nos parents, de notre famille et de la société en général et qui ne sont pas en accord avec nos véritables valeurs. Quatre-vingt-quinze pour cent des gens ne seraient pas «alignés» sur leurs propres valeurs, ni synchronisés avec eux-mêmes. (Normand Deslandes, Institut de coaching international, Montréal.)

Choisir son chemin

«Après quelques années passées à rénover ma maison, refaire les peintures, jardiner, m'occuper de ma petite personne, sortir avec quelques amis et voyager, l'ennui a commencé à s'emparer de moi. J'ai alors compris que le temps était venu de prendre quelques risques, de mieux m'entourer, de relever des défis et de m'engager davantage dans ma communauté. Sinon, je crois que je me serais peu à peu desséchée…»

Maintenant que vous vous connaissez un peu mieux, vous pouvez plus facilement déterminer les buts, les projets, les activités ou même le travail rémunéré qui vous apporteront le plus de satisfaction à la retraite. Voici une démarche systématique qui pourrait vous aider dans votre tâche.

VOS PLUS CHERS DÉSIRS

Si vous ne développez pas un goût pour les loisirs et les activités récréatives avant d'être vous-même à la retraite, celle-ci risque de vous apparaître comme la plus belle arnaque que vous ayez connue. (Ernie Zelinski. *L'art de ne pas travailler*[1].)

Dressez maintenant une liste de tout ce qu'il vous plairait de faire ou de changer à la retraite : petits bonheurs quotidiens, rêves les plus fous, retour au travail, vie plus simple et moins encombrée et, pourquoi pas, les comportements qui vous nuisent depuis toujours et dont vous aimeriez vous départir. Demandez-vous ce qui donne réellement un sens à votre vie et ce que signifie pour vous être heureux, actif, entouré, aimé, joyeux, utile… Que regretteriez-vous, aujourd'hui, de ne pas avoir accompli si vous étiez arrivé à la toute fin de votre vie ?

À ce stade, considérez l'élaboration de cette liste comme un jeu. Ne cherchez pas à être raisonnable et ne tenez pas compte de vos contraintes éventuelles (finances, état de santé, habiletés insuffisantes, peurs diverses, responsabilités, durée, etc.). Fixez-vous des buts très larges, ne mettez aucune limite ! Voyez grand comme si rien n'était impossible !

Si vous pensez que votre plus grand désir (actuel) dans la vie est de posséder plus d'argent ou une maison plus confortable, notez-le. Si vous désirez aller vivre en Provence ou plutôt… en Alaska, notez-le. Notez aussi si vous souhaitez améliorer votre personnalité ou vos relations avec les autres, vous occuper un peu plus de votre famille, vous remarier, faire du trekking dans

---

1. Zelinski, Ernie. *L'art de ne pas travailler,* Outremont, Stanké, 1998.

l'Himalaya, jouer au golf toute l'année ou suivre des cours de peinture. Notez tout! Tout!

En élaborant votre liste, tenez compte de tout ce que vous avez lu dans les chapitres précédents, notamment l'importance d'équilibrer vos besoins fondamentaux. Reportez le résultat du remue-méninges, si vous ne l'avez pas déjà fait. Ajoutez aussi les activités que vous pratiquiez déjà avant la retraite et auxquelles vous tenez tout particulièrement.

Inscrivez maintenant tout ce que vous aimiez dans votre travail et qui va vous manquer. Voici quelques exemples : le simple plaisir des pauses café avec des collègues amis; l'aide que vous vous apportiez mutuellement; l'esprit de camaraderie; les clients que vous côtoyiez chaque jour; les talents et les compétences que vous pouviez développer et mettre à contribution; les méthodes de travail que vous avez contribué à élaborer; la fierté d'avoir accompli votre travail à la perfection même si celui-ci était difficile et routinier; le confort matériel que votre salaire vous procurait ou simplement le fait de ne pas être continuellement avec votre conjoint.

Au fait, tous ces éléments ont-ils un lien avec votre personnalité dominante et vos valeurs? avec vos besoins fondamentaux?

Remémorez-vous maintenant vos rêves d'enfance et de jeunesse, vos jeux, vos activités, vos sports préférés et les endroits que vous aimiez particulièrement. Quelle était l'ambiance dominante de cette époque? Qu'en était-il des relations avec les amis? du sport? de la compétition? des études? des conflits de toutes sortes?

Ce retour dans le passé vous permet de retrouver la première expression de votre personnalité et de vos potentialités, vos préférences et vos motivations profondes. Qu'avez-vous délaissé en menant votre vie d'adulte? Vous sentiez-vous libre d'exprimer totalement votre personnalité? Subissiez-vous une certaine influence dans vos choix?

Pour aller plus loin encore, vous inspirer ou vous donner envie d'explorer de nouvelles voies, consultez la liste d'activités proposées et faites aussi des recherches sur le web, dans les journaux et les revues spécialisées (*Notre Temps*, *Le bel âge*...).

Allez voir également ce qui se passe du côté des associations de retraités[1]. Elles proposent des activités et des formations auxquelles vous n'aviez certainement jamais pensé et qui sont loin d'être des passe-temps pour «petits vieux». On y organise même des jeux des aînés (un peu comme des olympiades) ou des récitals de poésie. Vous pourriez aussi collaborer à l'élaboration de mémoires et d'avis touchant des sujets tels que la violence faite aux aînés, la sécurité, les services bancaires automatisés, les modes de scrutin, l'assurance médicaments… Autant de thèmes qui préparent un avenir meilleur aux retraités d'aujourd'hui et de demain et, donc, à vous aussi.

ET VOS REPOUSSOIRS

«Ce que je veux, avec qui ou sans qui je veux, où je veux, quand je veux, jusqu'où je veux, aussi longtemps que je veux…»

À la retraite, il est temps de se libérer le plus possible des contraintes inutiles. Vous voulez certainement être actif, voir du monde, vous amuser et vous réaliser, mais vous n'avez certainement plus envie de vous lancer dans des projets contraignants qui ne vous satisfont pas pleinement ou avec des gens qui ne vous plaisent pas.

Notez maintenant tout ce que vous n'aimiez vraiment pas dans votre travail : l'heure de pointe dans les embouteillages, les réunions interminables, travailler dans un bureau sans lumière ou sans fenêtre, supporter la fumée de cigarette de certains collègues, obéir aux ordres d'un incompétent (mais non, mais non, ils ne sont pas tous comme ça !), faire des choses routinières, remplir des formulaires, travailler quand il fait si beau dehors, porter une cravate, courir tout le temps, supporter l'esprit de compétition alors que vous auriez préféré collaborer avec tout le monde…

---

1. Voir notamment, au Québec, la FADOQ – Mouvement des Aînés du Québec (www.fadoq.ca) et, en France, la Confédération française des retraités (CFR) qui regroupe quatre grandes organisations de retraités et compte deux millions de membres.

Demandez-vous aussi si vous avez choisi votre emploi en fonction de vos préférences ou si vous vous êtes retrouvé là, un peu par hasard, pour survivre au début, puis, si vous y êtes resté, par crainte de perdre la sécurité qu'il vous procurait.

Pourquoi une telle liste ? Simplement parce qu'il est bon de découvrir tout ce que l'on n'aime pas et ce qui ne nous convient plus, avant de découvrir ce que l'on désire vraiment. En notant le tout dans votre calepin copain, vous n'oublierez rien par la suite car, autrement, une fois les désagréments oubliés, vous risqueriez d'idéaliser votre travail, au point de retomber dans le même panneau, comme cela arrive fréquemment à bien des retraités. La mémoire est courte ! Lorsqu'ils ont peu de choix d'activités, lorsqu'ils manquent d'imagination ou de courage pour changer, bien des gens s'engagent spontanément, et même aveuglément, dans ce qu'ils connaissent le mieux : la routine, le confort et les habitudes. Ils finissent par le regretter.

Notez aussi qui sont vos vrais amis, pourquoi ils le sont et pourquoi vous vous sentez bien en leur compagnie. Notez aussi les relations que vous avez conservées par obligation, par intérêt ou par faiblesse. Devriez-vous faire un peu de ménage là aussi ?

LA RÉALITÉ

Quoi que tu rêves d'entreprendre, commence-le. L'audace a du génie, du pouvoir, de la magie. (Goethe)

Il s'agit maintenant de choisir les premiers buts que vous allez tenter d'atteindre et les premières activités dans lesquelles vous allez vous engager. Voici quelques conseils.

N'oubliez pas Maslow

Sélectionnez au moins un objectif, un projet ou une activité dans chacun des domaines suivants, tout en mettant l'accent, bien sûr, sur le domaine qui compte le plus pour vous.

➤ **Survie et sécurité** : santé, activités physiques, sécurité matérielle, sécurité affective au sein du couple et de la famille, espaces et territoire…

▶ **Amour, affection et appartenance** : amour, famille, amis intimes, amis, relations sociales, groupes d'appartenance…

▶ **Activités et transcendance** : sports et loisirs, apprentissages et connaissances, travail rémunéré, engagement dans des causes sociales ou humanitaires…

Vivre, partager et se réaliser[1]

Pour illustrer ce concept d'intégration des besoins fondamentaux, le thérapeute Ron Potter-Efron nous invite, dans son ouvrage intitulé *Combler vos trois besoins fondamentaux : vivre, partager et se réaliser*, à imaginer que :

Chacun de ces besoins est un fil de couleur différente qui attend que votre main le prenne et l'intègre dans la tapisserie de votre vie. Vivre sa vie se présente comme un fil d'un pourpre profond. Partager, un fil d'un jaune éclatant. Se réaliser, un fil d'un rouge lumineux. Chaque couleur est merveilleuse. Réunies, elles sont d'une beauté à couper le souffle.

À la retraite, nous devrions continuer à tisser cette magnifique tapisserie, le plus longtemps possible.

Soyez réaliste

Tenez compte du temps et des ressources financières dont vous disposez. Ne vous en mettez pas trop sur les épaules en vous lançant dans des projets d'envergure dont vous ne verrez pas la fin ni les résultats. Après tout, vous êtes à la retraite, non ?

Gardez toujours en tête votre projet de vie et interrogez-vous souvent. Combien de temps durera chaque activité ? Vos projets ne risquent-ils pas de vous empêcher de vivre d'autres choses, auxquelles vous tenez par-dessus

---

1. Potter-Efron, Ron. *Combler vos trois besoins fondamentaux*, Outremont, Éditions du Trécarré, 2000, p. 8.

tout? Aurez-vous à «sacrifier» des gens que vous aimez? Allez-vous manquer de temps? Pourrez-vous quand même vous accorder de longs moments de détente et de repos? Quel genre de personne avez-vous envie d'être d'ici cinq ans? Ce que vous faites maintenant va-t-il vous aider?

Déterminez vos motivations profondes

Soyez parfaitement conscient de ce qui vous pousse à vous engager dans une activité plutôt que dans une autre.

Ce projet vous permet-il de répondre à plusieurs besoins en même temps? de vous accomplir pleinement? d'être heureux? d'exprimer votre personnalité et vos valeurs? vous apporte-t-il des revenus supplémentaires? Êtes-vous plutôt en train d'essayer de prouver quelque chose aux autres? Voulez-vous les impressionner? Cherchez-vous simplement à combler un vide? à fuir l'ennui? à prendre ceci à défaut de cela? à rencontrer absolument l'âme sœur? Allez-vous vous engager dans un projet qui vous a plutôt été dicté par une autre personne vous ayant convaincu que c'était pour votre bien?

ET VOTRE MEILLEURE STRATÉGIE

> *La chance, c'est de la sueur, du labeur, des sacrifices, de la prévision à long terme et des risques calculés en vue d'améliorer son sort.* (Bernard Gittenson. *Fabriquer sa chance*[1].)

Action

Une fois votre liste élaborée, il ne vous reste plus qu'à vous lancer dans l'action. Allez-y! Osez! Foncez! Foncez, même si vous mourez de peur!

Mais, attention! Ne partez pas à l'aveuglette, sans plan, sans itinéraire, en prenant simplement ce qui passe à votre portée ou en changeant de direction chaque fois que quelque chose de plus facile et de plus séduisant se

---

1. Gittenson, Bernard. *Fabriquer sa chance*, Montréal, Le jour, 1982, p. 57.

présente. Gardez toujours en tête votre objectif de départ et adoptez la stratégie la plus efficace pour l'atteindre et pour garder, tout le temps, le contrôle. Si votre projet est de grande envergure, prévoyez plusieurs étapes pour vous assurer de sa progression.

Déterminez les ressources et les informations dont vous avez besoin.

Devriez-vous, par exemple, acquérir ou améliorer certaines connaissances, compétences ou habiletés ? S'agit-il de votre confiance en vous, de débrouillardise, de votre forme physique, de votre look, de votre attitude ou de la mise à jour de vos connaissances ? Vos relations interpersonnelles sont-elles en cause ? Aurez-vous des obstacles à surmonter ? Aurez-vous besoin d'aide et, si oui, avec qui aimeriez-vous réaliser votre projet ?

Adopter une stratégie, c'est utiliser au mieux toutes les ressources dont on dispose.

Repérez les énergies positives autour de vous, notamment les personnes qui ont l'esprit d'entreprise, le sens de l'initiative et celles qui réussissent. Tâchez de vous associer à elles et de les prendre pour modèle. Fuyez le plus possible les personnes aux énergies négatives, notamment les pessimistes, les défaitistes, les rabat-joie, ceux qui se plaignent et critiquent tout le temps, jalousent les autres ou tentent de les décourager.

Vérifiez bien toutes les possibilités avant de vous engager définitivement.

Ne perdez pas votre cible de vue

Si vos buts sont définis précisément, en termes mesurables, avec une échéance, si vous visualisez régulièrement votre cible comme si vous l'aviez déjà atteinte et si vous laissez venir les choses naturellement, vous constaterez que celles-ci se mettront rapidement et tout simplement en place. Vous remarquerez, par exemple, que de mystérieuses coïncidences vous guident vers votre but, vers votre destinée. Rêves, songes éveillés, conversations entendues par hasard, livre ouvert à la bonne page, émissions de télévision… vous orienteront.

Les coïncidences ont tendance à se produire lorsque nous en avons besoin. Soyez attentif !

Entretenez votre motivation. Croyez dur comme fer en votre capacité de réaliser tout ce que vous avez entrepris. N'ayez pas peur de prendre des risques ou de manquer d'argent : si vous croyez suffisamment à votre projet, vous obtiendrez tout ce dont vous avez besoin pour le réaliser.

Pourquoi ça ne marche pas toujours ?

Fréquemment, les gens veulent opérer des changements positifs dans leur vie, adopter des modes de comportement plus sains, mais une inertie semble s'y opposer [...] C'est parce que nous nous sommes habitués à faire les choses d'une certaine façon. En un sens, à ne faire que ce qui nous plaît, que ce dont nous avons l'habitude. Nous devenons des enfants gâtés. (Le dalaï-lama et Howard Cutler. *L'art du bonheur*[1].)

ATTENTION

En abordant la retraite, tous, ou presque, décrivent avec enthousiasme et de la lumière plein les yeux tous les projets dans lesquels ils ont l'intention de se lancer, les occasions qu'ils vont enfin pouvoir saisir à nouveau, les rêves qu'ils vont réaliser. La liste est souvent très longue. Très longue !

Et pourtant, pour un grand nombre d'entre eux, rien de bien intéressant ne se passera et l'ennui s'installera. Au lieu de la vie captivante et mouvementée qu'ils avaient rêvée et annoncée, ils tombent plutôt dans la routine et le confort un peu étriqué de leur quotidien. Tout nouveau projet leur semble trop contraignant, fatigant, trop encadré, trop rigide, trop risqué, trop cher, trop régulier. Les autres ne sont pas assez intéressants, le temps est trop maussade, le film à la télévision est trop bon et le fauteuil tellement plus confortable qu'une piste de randonnée. Quelque chose manque pour maintenir l'enthousiasme, l'engagement, la constance. Que se passe-t-il donc ?

---

1. Le dalaï-lama et Cutler, Howard. *L'art du bonheur*, Paris, Éditions J'ai lu, 2000.

RECONNAISSEZ VOS ÉPOUVANTAILS

Les gens qui n'atteignent pas leurs objectifs sont généralement arrêtés par leurs frustrations. (Anthony Robbins. *Pouvoir illimité*[1].)

Les raisons qui poussent à l'abandon ou à la déception sont multiples. Pour la grande majorité, elles n'ont pas attendu la retraite pour se manifester et ne font que reproduire certains processus, inconscients mais bien réels. Elles découlent souvent d'une faiblesse de l'estime de soi et de la capacité de s'affirmer, mais aussi de la tendance à s'accrocher, inconsciemment, à des façons d'agir totalement inefficaces. Ou encore elles proviennent de fausses croyances, sur soi, sur le monde, sur les autres, sur ce qu'il convient (ou non) de faire...

En voici quelques-unes, notées par les spécialistes[2], notamment les spécialistes du *coaching,* ces personnes qui aident les gens à trouver ou à retrouver leur chemin et leur pouvoir personnel en misant avant tout sur leurs points forts. Vous en connaissez peut-être d'autres. Vous remarquerez que ces obstacles sont souvent placés sur notre chemin par nul autre que... nous-même. Les reconnaître, c'est déjà, en partie, en guérir.

Faites un crochet à côté des énoncés qui semblent vous concerner le plus.

---

1. Robbins, Anthony. *Pouvoir illimité,* Paris, Robert Laffont, 1989.

2. Voir notamment : Emmenecker, André-Paul et Rafal, Serge. *Coaching, mode d'emploi,* Paris, Marabout, 2004.

   McGraw, Phillip C. *Stratégies de vie,* Varennes (Québec), AdA, 2003.

▶ Des raisons d'échouer...

J'ai (trop) souvent tendance à...

Parler abondamment de mes projets, mais à en rester ensuite aux bonnes intentions. Je passe rarement à l'action.

M'engager dans un trop grand nombre de projets et d'activités en même temps, pour m'assurer de combler tous mes temps libres.

Choisir des projets et des activités trop complexes et irréalistes dont je ne vois jamais la fin ni les résultats. Je finis alors, souvent, par me décourager ou par abandonner d'autres projets qui me tiennent pourtant à cœur.

M'engager dans des projets et des activités mal adaptés à ma personnalité et à mes besoins et qui sont parfois en contradiction les uns avec les autres.

Ne pas évaluer suffisamment le temps nécessaire pour mener à terme un projet, ni les compétences dont j'ai besoin pour les réaliser. Je me retrouve alors souvent dans une impasse.

Perdre ma cible de vue (mes objectifs et mes motivations profondes) et à me laisser porter par le courant, sans agir et sans maintenir le cap.

Abandonner dès qu'il faut fournir trop d'efforts, m'imposer une discipline ou sortir de mon petit confort et de ma routine sécurisante.

Fuir ou bien lutter (un peu comme un canot qui vogue à contre-courant) dès que je suis devant des difficultés, plutôt que de les affronter directement.

Refuser de voir ou d'admettre que certaines choses ne vont pas bien dans ma vie et que je n'agis pas toujours pour mon bien (manger n'importe quoi, fumer, me mettre en colère pour rien...), même si, au fond de moi, je souhaite le contraire.

Me prendre pour une victime (des autres, du destin...) et accueillir les réactions à mon égard comme des offenses, des manifestations de rejet.

Me laisser envahir par la peur : peur d'agir, de prendre des risques, d'échouer, de ne pas être assez bon, d'être critiqué, rejeté, mal aimé, d'être trop vieux pour changer, de trop me fatiguer, d'avoir trop chaud, trop froid, d'être malade, de ne plus plaire…

Donner aux autres une fausse impression de force et de confiance en moi pour ne pas leur montrer ma vulnérabilité. Je m'étonne ensuite qu'ils ne m'offrent jamais leur aide.

Me servir des autres, les manipuler et même, parfois, les exploiter, pour arriver à mes fins.

Saboter mes plus beaux projets avant de les réaliser en adoptant des comportements destructeurs, un peu comme si j'avais peur de réussir.

Me comparer aux autres, les envier, vouloir être ou faire comme eux, même si cela ne correspond par vraiment à mes besoins ni à mes valeurs.

Me comparer à… moi-même, quand j'étais plus jeune, plus beau, plus en forme, admiré pour mes réalisations, plus entreprenant, en meilleure santé, etc. Je finis alors par me décourager.

Éprouver des difficultés à imposer mes besoins, mes idées et mes valeurs. Je me plie souvent aux exigences des autres et les laisse me dicter ma façon de penser et d'agir, même si cela me déplaît au plus haut point.

Manquer de confiance en moi et en mes capacités : à réussir, à atteindre mes objectifs, à être aimé, accepté. Je m'attends pratiquement toujours à ce que les choses se passent mal et à échouer. Si je réussis, je pense que tout cela est trop beau pour moi et que ça ne va pas durer.

Une question d'estime et de confiance

« Nous ressentons tous le besoin d'être apprécié, reconnu à notre juste valeur et accepté par les autres et… par nous-même. Notre plus grande crainte est d'être rejeté par autrui. »

Réussir sa vie, actualiser son potentiel et devenir un gagnant nécessite non seulement une bonne dose de courage, de persévérance et de discipline personnelle, mais aussi une solide estime de soi et une bonne capacité à s'affirmer.

Dans la pyramide des besoins humains, l'estime de soi se trouve presque au sommet, juste avant l'accomplissement de soi qui repose donc sur elle.

Nous savons maintenant qu'à peine 40 % des gens parviennent à développer une saine estime d'eux-mêmes. Le docteur Maxwell Maltz[1] va même jusqu'à affirmer qu'au moins 95 % des gens voient, à un degré ou à un autre, leur vie ruinée par un sentiment d'infériorité et que cela constitue pour eux un véritable handicap.

Constituée d'un ensemble de croyances et d'attitudes, l'estime de soi correspond au sentiment que l'on éprouve quand on a l'assurance de s'aimer et de croire en soi, d'être aimé, d'être compétent dans ses activités quotidiennes et dans ses relations avec les autres.

Elle repose aussi sur la confiance : de pouvoir exprimer ouvertement ses pensées et ses jugements ; de satisfaire ses besoins, ses désirs et ses rêves ; d'atteindre ses objectifs, sans se sentir obligé de toujours privilégier les besoins des autres. Elle s'appuie également sur la confiance dans sa capacité de surmonter les défis et les épreuves de la vie, sur la conviction de son droit au bonheur et sur la foi en sa propre faculté de «donner corps à ses rêves de l'âme», c'est-à-dire sa mission ici-bas, comme l'écrit si joliment Jean Monbourquette[2]. Cette mission «qui transcende les ambitions de l'*ego* pour se mettre au service de la communauté».

L'affirmation de soi est l'expression de l'estime de soi. C'est l'expression saine, sans exagération et sans souci de comparaison avec les autres, de tout ce que nous sommes, depuis nos valeurs et nos aspirations les plus

1. Maltz, Maxwell D'. *Comment atteindre facilement tous vos objectifs personnels*, Montréal, Publications Golden Globe, 1982, p. 37.

2. Monbourquette, Jean. *De l'estime de soi à l'estime du soi*, Ottawa, Novalis, 2002, p. 34.

profondes jusqu'à notre façon de penser, de parler, de bouger et même de nous vêtir. L'estime de soi et l'affirmation de soi ne sont jamais trop élevées ni exagérées. Ce qui est excessif, c'est l'arrogance ou le fait de chercher à se montrer supérieur aux autres.

Une faible estime de soi peut avoir des origines génétiques, mais elle provient surtout de la façon dont notre entourage (parents, famille, professeurs…) nous a traités durant notre enfance. Leurs réflexions négatives, leurs critiques et leurs insatisfactions chroniques, tout comme leur contrôle excessif, ont créé en nous des peurs, des regrets, des blocages et des sentiments d'injustice et de manque qui n'attendent que l'occasion de se manifester.

Tout cela nous empêche aussi de nous situer positivement face à la réussite, à tel point que certains préféreront carrément tout saboter quand les choses vont bien (amours, amitiés, réussites, grandes réalisations, projets et rêves, etc.), de peur de ne pas être à la hauteur de la situation, de subir un échec ou d'être rejetés. L'estime de soi est inséparable de la possibilité de réaliser ses rêves et ses ambitions.

L'estime de soi et les gagnants…

Un grand nombre de caractéristiques de l'estime de soi sont aussi des caractéristiques propres aux «gagnants», c'est-à-dire aux gens qui réussissent leur vie, puis leur retraite et leur vieillissement. Le psychologue américain Nathaniel Branden[1] associe d'ailleurs l'estime de soi et la confiance en soi à des qualités spécifiques : la bienveillance, la coopération, l'empathie, la compassion, la créativité, l'intuition, la faculté d'adaptation, la gestion du changement, l'indépendance, la rationalité et le réalisme, la volonté, enfin, d'admettre et de corriger ses erreurs.

CONSÉQUENCES D'UNE FAIBLE ESTIME DE SOI

Personne ne peut vous obliger à vous sentir inférieur sans votre consentement. (Eleanore Roosevelt)

1. Branden, Nathaniel. *Les six clés de la confiance en soi,* Paris, Éditions J'ai lu, 1995.

Les conséquences d'une faible estime personnelle sont nombreuses. En voici quelques-unes : découragement, anxiété, dépression, insatisfaction chronique, manque de confiance envers les autres, peur de l'intimité, tendance à s'isoler, manipulations de toutes sortes, relations conflictuelles, attitude défensive et rapports de force. À cela on peut ajouter les échecs scolaires et les difficultés au travail, la passivité et l'indécision, la peur de prendre des risques ou, au contraire, le perfectionnisme à outrance et la construction d'une estime de soi artificielle à travers les richesses et le pouvoir. Une faible estime personnelle conduit parfois à une forme ou à une autre de dépendance, notamment au travail, au conjoint, à la nourriture, à l'alcool, mais aussi aux drogues.

Une mise au point s'impose

«Chaque instant est précieux et je dois en user au mieux. Serai-je encore là demain?»

Les choses ne se mettent pas en route aussi bien que vous le souhaitez, vous manquez d'énergie dès que vous vous engagez dans une activité ou une petite voix intérieure vous indique que vous n'êtes peut-être pas au bon endroit, au bon moment et avec les bonnes personnes. Vous sentez intuitivement que vous n'avez pas pris les décisions adéquates ou, simplement, vous avez perdu tout intérêt pour vos activités.

Dans ces conditions, n'hésitez pas à lâcher prise!

Ne forcez pas les choses et demandez-vous si votre place, celle que vous méritez, n'est pas ailleurs, dans des projets mieux adaptés à votre personnalité, à vos compétences et à vos besoins.

Les buts, les projets et les activités mal adaptés à soi-même, ceux qui sont trop contraignants ou sur lesquels nous manquons de contrôle, deviennent rapidement une source de déception, d'anxiété et parfois aussi de détresse. Ils finissent inévitablement par miner la confiance en soi.

Mais si votre projet est particulièrement important pour votre équilibre et votre épanouissement personnel, persévérez!

Trop de gens abandonnent des projets essentiels pour leur équilibre personnel dès qu'ils doivent faire un effort et s'engager à fond. Persévérez, mais pensez aussi à réajuster vos projets (et vos ambitions ?) s'il le faut.

S'engager, c'est choisir délibérément de continuer et de persévérer dans un projet, une activité malgré les efforts, les compromis et les sacrifices à consentir. Mais quiconque accepte l'engagement en retire des bénéfices inestimables : enthousiasme, passion, sentiment d'accomplissement, harmonie intérieure, sens à donner à sa vie.

Mais quoi qu'il arrive, ne vous dépréciez surtout pas !

Restez optimiste et positif. Reconnaissez vos points forts et vos victoires et apprenez de vos erreurs. Accentuez vos forces et ne vous attardez pas sur vos faiblesses. Souvenez-vous que le succès se nourrit toujours du succès et finit par conduire… au succès. Cela est également vrai pour les échecs. Plus on s'y enfonce, plus il est difficile de remonter la pente.

Se féliciter au moins cinq fois par jour !

Le retrait du monde du travail, les effets du vieillissement et les préjugés à leur égard risquent de décourager les aînés, de miner leur confiance personnelle et, par conséquent, de les freiner dans leurs projets. C'est pourquoi les spécialistes (du *coaching*, par exemple) recommandent de passer en revue, chaque jour, ses succès, ses qualités et ses compétences et de les célébrer avec fierté, afin de retrouver son pouvoir personnel… et de se «gonfler» d'énergie. Pour des raisons évidentes, il vaut mieux éviter de faire cet exercice en public.

Dommage !

Des projets et des activités pour tous les goûts

Pour que la vieillesse ne soit pas une dérisoire parodie de notre existence antérieure, il n'y a qu'une solution, c'est de continuer à poursuivre des fins qui donnent un sens à notre vie : dévouement à des individus, des collectivités, des causes, travail social ou politique, intellectuel, créateur. (Simone De Beauvoir. *La vieillesse*[1])

Voici une liste susceptible de vous inspirer dans vos choix d'activités de retraite. Vous y trouverez des moyens de vous occuper de vous-même, de votre santé, d'entrer en relation avec les autres et de les aider, de vous amuser, de vous réaliser pleinement et même de boucler vos fins de mois en travaillant un peu. Ces suggestions d'activités sont classées selon les personnalités de la typologie de Holland. La liste n'est évidemment pas exhaustive et certaines activités pourraient se retrouver dans plus d'une catégorie. À vous de faire votre petit mélange, en naviguant dans l'une ou l'autre des catégories, en fonction de votre profil personnel et de vos préférences.

Pour en apprendre davantage sur chacune de ces activités et si vous disposez d'un ordinateur, saisissez les principaux termes dans votre moteur de recherche préféré. Vous trouverez ainsi des références adaptées à votre région ou à votre pays. Si, par exemple, vous saisissez *Travail ferme biologique*, vous tomberez sur une multitude d'endroits dans le monde où vous pourrez soit travailler contre le logement et la nourriture soit vous arrêter, en qualité de touriste, pour louer une chambre d'hôte. Si vous cherchez des idées et des projets pour vivre des moments particulièrement riches avec vos petits-enfants, saisissez, par exemple, les termes *École* (ou université, ou voyages) *grands-parents* et *petits-enfants* et ainsi de suite…

Si vous êtes plutôt Réaliste *(bon sens, sens pratique, attachement aux traditions…), vous pouvez :*

▶ Entretenir et rénover bénévolement le domicile de personnes âgées ou divers établissements de votre communauté ;

▶ Participer à la construction d'un village intergénérationnel ;

1. De Beauvoir, Simone. *La vieillesse*, Paris, Gallimard, 1970.

▶ Réparer et installer des appareils ménagers, des équipements ;

▶ Bricoler, faire du modélisme, réparer des voitures de collection, des jouets pour les enfants défavorisés ;

▶ Fabriquer du papier artisanal ou des cartes postales à l'aide de papier recyclé et de fleurs séchées ;

▶ Aménager des plates-bandes de fleurs autour de la maison, travailler pour un horticulteur, un centre de jardinage, ou, encore, entretenir les parcs publics ;

▶ Explorer les parcs nationaux, les sentiers de randonnée pédestre du monde entier ;

▶ Devenir secouriste ;

▶ Devenir entraîneur sportif pour de jeunes enfants.

Si vous êtes plutôt Investigateur *(indépendant, curieux, intéressé à apprendre…), vous pouvez :*

▶ Travailler bénévolement pour des organismes internationaux ;

▶ Devenir agent de voyages ou guide touristique ;

▶ Entreprendre des recherches généalogiques pour votre famille ou en faire un passe-temps lucratif ;

▶ Offrir vos services comme recherchiste (journaux, revues, télévision) ;

▶ Participer à des projets de recherche dans votre domaine d'expertise ;

▶ Apprendre une langue étrangère avant de partir en voyage dans tel pays ;

▶ Participer à des cours ou à des voyages organisés pour les grands-parents et leurs petits-enfants ;

▶ Participer à un programme d'échange de maisons ;

▶ Échanger des lettres et des courriels avec de jeunes enfants (pas forcément les vôtres) ;

▶ Vous lancer dans la politique, comme candidat ou en tant que bénévole ;

▶ Mettre en place un groupe de réflexion et d'action consacré à la simplicité volontaire ;

▶ Créer un club de lecture ou de philosophie ;

▶ Participer à des forums sur le web.

Si vous êtes plutôt Artiste *(original, indépendant, créatif, imaginatif et attiré par tout ce qui est beau…), vous pouvez :*

▶ Vous initier à la reliure d'art et offrir ou vendre vos chefs-d'œuvre ;

▶ Offrir vos services comme journaliste pigiste ;

▶ Devenir photographe à la pige, pour un journal local ou dans des mariages ;

▶ Travailler pour des organismes culturels, comme les musées, les maisons des arts ou les sociétés culturelles ;

▶ Faire partie d'une chorale ou d'une harmonie ;

▶ Faire du théâtre amateur, suivre des cours de danse folklorique ;

▶ Devenir figurant (cinéma et télévision) ou mannequin occasionnel (mais si, même après 50 ans !) ;

▶ Participer à des ateliers de lecture ou d'écriture avec des enfants (écoles, bibliothèques, centres de loisirs) ;

▶ Pratiquer certains exercices (yoga…) ;

▶ Travailler dans une boutique d'antiquités, devenir brocanteur ;

▶ Vous initier au graphisme ou au design sur ordinateur ;

▶ Suivre des cours dans le domaine du multimédia et des nouvelles technologies ;

▶ Vous spécialiser dans la pratique du feng shui et en faire profiter les autres, gratuitement ou contre rémunération.

Si vous êtes plutôt Social *(coopératif, généreux, serviable…), vous pouvez :*

▸ Travailler dans le domaine du tourisme, de l'hôtellerie et de la restauration (gîtes, chambres d'hôte…);

▸ Devenir danseur mondain (hommes de 45 à 70 ans) sur les bateaux de croisière pour faire danser les dames seules (mais si, il y a une demande !);

▸ Apprendre le langage des sourds-muets;

▸ Offrir de l'aide à domicile aux personnes plus âgées, en perte d'autonomie;

▸ Transporter des personnes handicapées (aveugles ou malades) à l'hôpital, pour qu'elles puissent y recevoir des soins;

▸ Devenir secouriste;

▸ Enregistrer des cassettes pour les aveugles (journaux, livres…);

▸ Travailler pour une banque alimentaire, une «popote roulante», un comptoir familial;

▸ Assurer des permanences téléphoniques en relation d'aide (Secours amitié, Suicide écoute, etc.);

▸ Œuvrer au sein d'une association (cancer, diabète, sclérose en plaques, Croix-Rouge, etc.);

▸ Enseigner le tricot, la cuisine, la menuiserie et l'art[1] du travail bien fait aux plus jeunes;

▸ Pratiquer un sport d'équipe;

▸ Devenir mentor auprès des nouveaux cadres inexpérimentés dans les entreprises;

▸ Aider de jeunes enfants à faire leurs devoirs après l'école, leur faire la lecture, leur raconter des histoires;

---

1. En France, les membres retraités de l'Association L'outil en main enseignent l'art du travail (manuel) bien fait à des jeunes âgés de 9 ans à 14 ans.

➤ Travailler pour un organisme humanitaire dans un pays en voie de développement[1].

Si vous êtes plutôt Entreprenant *(risque, compétition, statut social, art de persuader…), vous pouvez :*

➤ Travailler dans le domaine de la vente (magasins, agences de marketing téléphonique, centres de réservations des hôtels);

➤ Gérer des projets et des événements dans votre communauté;

➤ Vous occuper de l'accueil dans des congrès ou des expositions;

➤ Livrer des voitures pour des clients ou pour des concessionnaires, par exemple, à partir du Canada, conduire en Floride la voiture de personnes âgées qui vont y passer tout l'hiver;

➤ Devenir consultant ou conseiller expert dans votre domaine d'expertise;

➤ Écrire des livres, corriger des épreuves, etc.;

➤ Suivre une formation et devenir agent immobilier.

Si vous êtes plutôt Conventionnel *(stable, efficace, précis, sens de l'organisation, digne de confiance…), vous pouvez :*

➤ Travailler dans un bureau, une bibliothèque, faire du classement, du traitement de texte;

➤ Vous spécialiser dans le domaine de l'électronique ou de l'informatique;

➤ Vous spécialiser en comptabilité et aider les personnes âgées ou démunies à préparer leur déclaration de revenus;

➤ Offrir vos services au moment des recensements ou des élections;

---

1. Voir notamment «Les Seniors Experts Français (SEF)» (site web). Depuis une vingtaine d'années, les 10 000 adhérents de cette association proposent bénévolement leur expérience et leur savoir-faire, en France et ailleurs.

▶ Corriger les examens du ministère de l'Éducation ;

▶ Offrir vos services comme traducteur ;

▶ Aménager votre intérieur pour le rendre plus fonctionnel (rangements, organisation des placards) et... en faire une spécialité.

LES BONNES ADRESSES DES RETRAITÉS FLYÉS...

Sur le site web de la Fédération des retraités flyés, au Québec, vous pouvez trouver une multitude de renseignements et d'adresses, ici et ailleurs, qui donnent envie de se lancer immédiatement à l'aventure : bénévolat international, hébergement (y inclus l'échange de maisons), activités culturelles, tourisme (même en hôtel péniche), etc. Saisissez les mots *retraités flyés* dans votre moteur de recherche préféré pour accéder au site.

Pourquoi ne pas mettre sur pied une telle association dans votre région ou même dans votre pays ?

Conclusion

Un chemin toujours en construction

La vie ne m'apparaît pas comme une courte chandelle. Elle est plutôt un flambeau splendide que je tiens en main un moment et je veux qu'il brille de tous ses feux avant de le passer à la prochaine génération. (George Bernard Shaw)

En publiant ce livre, j'avais pour but de mettre à votre disposition toutes les connaissances théoriques et pratiques dont je dispose à ce sujet. Je voulais non seulement vous mettre en garde contre les risques les plus courants et si peu connus de la retraite, mais surtout vous proposer des outils pour franchir sans trop de difficultés, et tout en douceur, cette nouvelle étape de votre existence.

Je vous ai donc invités à commencer par dresser un bilan. Les questions, les exercices et les pistes de réflexion trouvés au fil des chapitres vous ont permis, je l'espère, de faire plus amplement connaissance avec vous-même afin d'effectuer des choix plus éclairés, dans tous les secteurs de votre vie. Vous avez probablement pris des notes dans votre calepin copain afin de retrouver rapidement, par la suite, les informations que vous avez jugées essentielles.

Je vous ai ensuite montré à quel point il est important de maintenir, la vie durant, l'équilibre entre tous vos besoins fondamentaux : survie, sécurité, protection, amour, affection, appartenance, estime et accomplissement de soi. Une fois cette notion d'équilibre comprise et assimilée, il vous deviendra plus facile de mettre le doigt sur vos problèmes et vos difficultés, si vous en éprouvez, et de leur trouver des solutions. Par exemple, vous vous demandez pourquoi vous vous ennuyez à mourir et vous disputez continuellement avec votre conjoint alors que vous venez de réaliser votre rêve de retraite en déménageant dans cet endroit magnifique. Vérifiez alors quels besoins vous ne pouvez plus satisfaire et vous aurez déjà une des clés de la solution. De la même façon, analysez pourquoi ce vieillard se laisse carrément mourir depuis qu'il a dû quitter précipitamment son logement pour vivre dans une maison de retraite. Ou, encore, pourquoi cette dame souffre de mille problèmes de santé depuis qu'elle doit s'occuper d'un de ses parents âgé et malade, en même temps qu'elle assume un surcroît de responsabilités dans son travail.

La pyramide des besoins humains d'Abraham Maslow est à ce point éclairante pour répondre à ces questions, et à bien d'autres encore, dont les problèmes de communication, que je suggère souvent aux gens qui assistent à mes cours de la laisser bien en vue, chez eux, dans l'entrée de la maison ou dans la salle de bains, afin qu'ils puissent la voir tous les jours !

Une petite introspection quotidienne

« Le chemin de la sagesse n'est pas celui de la perfection. À vouloir réussir et devenir un ''gagnant'', à tout prix, on finit par éprouver constamment un sentiment de culpabilité et de manque. Réussir sa vie, c'est plutôt éprouver cette sensation d'avoir fait le maximum possible dans la mesure de nos talents. »

Permettez-moi de vous proposer un exercice que j'ai l'habitude de faire, tous les soirs en m'endormant ou le matin en me réveillant. Il s'agit d'une série de questions que je me pose afin de vérifier si, durant la journée, j'ai bien pris soin de moi, des autres et de mon développement personnel. Si certaines de mes réponses sont négatives et ne me satisfont pas, je ne me culpabilise surtout pas, mais je me promets de rétablir l'équilibre le plus rapidement possible, dans la mesure de mes capacités. Si j'ai besoin de temps pour y parvenir, je me l'accorde, puisque je sais que je fais de mon mieux, mais je n'oublie pas les objectifs que je me suis fixés.

J'ai remarqué aussi que le fait de me concentrer sur ces questions constitue le meilleur des somnifères, le soir, car il m'éloigne des tracas du quotidien et me donne l'impression d'avoir totalement le contrôle sur ma vie. Le matin, cela devient le meilleur des ressorts pour commencer la journée pleine d'énergie, car j'ai déjà des tas de projets en tête.

Voici donc ces questions. Bien sûr, vous pouvez les formuler différemment, plus simplement, en ajouter et les adapter davantage à votre réalité.

▶ Ai-je accordé autant d'attention et de soins à mes besoins de survie et de sécurité qu'à mes besoins d'amour, d'amitié et d'appartenance et à mes besoins d'estime et d'accomplissement? Ma vie est-elle en équilibre? Sinon, qu'ai-je négligé le plus?

▶ De quoi ai-je parlé le plus souvent avec mon conjoint, ma famille et mes amis? Des obligations et des soucis du quotidien? D'argent? De l'amour et de l'estime que je leur porte? Des autres, en bien ou en mal? Des événements, surtout les plus croustillants de l'actualité, de mes bobos ou du temps qu'il fait? Combien de temps ai-je consacré à leur dire, sincèrement, à quel point je les apprécie ou à discuter avec eux de projets, d'idées et des grands débats de l'heure? (J'accorde un pourcentage à chacun de ces éléments et je rectifie le tir rapidement si nécessaire.)

▶ Mes activités m'ont-elles permis à la fois de m'occuper de moi, des autres et de développer encore mes compétences ou me suis-je limitée à des activités de loisirs et de consommation? Sont-elles en accord avec mes besoins, mes valeurs et ma personnalité? Les ai-je choisies librement? Ai-je laissé mon conjoint ou ma famille libres, eux aussi, d'organiser leur vie à leur manière?

▶ Mon alimentation était-elle équilibrée? N'ai-je pas mangé trop de «cochonneries»: chips, frites, charcuterie, viennoiseries? Ai-je bien mangé toutes mes portions de fruits et de légumes ? Ai-je consommé suffisamment de protéines, de légumineuses, de laitages ? (Sinon, je cours me chercher un fruit, croquer à pleines dents dans un légume vert et frais, boire un verre de lait ou de boisson de soja).

▶ Ai-je pris suffisamment de temps juste pour moi, pour me relaxer ? Ai-je fait au moins 30 minutes d'exercices dans la journée ? Me suis-je mise en colère sans raison ? Ai-je analysé les événements de façon négative ?

▶ Dans quelle mesure ai-je contribué à réduire le gaspillage, la pollution et à ménager notre bonne vieille planète ou ai-je plutôt acheté, accumulé et jeté sans compter ?

Le soir également, je fais toujours une ou deux grilles de mots croisés et, à l'occasion, des exercices intellectuels que j'ai pigés sur le site et dans des ouvrages de la société internationale Mensa[1] ou ailleurs : rébus, puzzles, énigmes à résoudre, problèmes logiques et mathématiques, jeux de mémoire, de formes. Cela dans le but de maintenir ma mémoire et mon esprit alertes le plus longtemps possible.

En prenant l'habitude de vous poser ces questions et de faire ces exercices tous les jours, vous vous donnerez davantage de chances de réussir votre retraite, puis votre vieillissement. Essayez pour voir !

Préparer sa vieillesse

Tout changement, toute transition commence par l'achèvement d'une étape de la vie et par l'ouverture vers une autre. L'entre-deux est parfois difficile, voire douloureux, mais pour la majorité des gens, tout finit par se remettre naturellement en place. Le passage à la retraite constitue toutefois une transition particulièrement délicate puisqu'elle s'ouvre sur la vieillesse,

---

1. La société Mensa existe partout dans le monde. Le but de Mensa est « d'identifier et de promouvoir l'intelligence humaine au profit de l'humanité, d'encourager la recherche sur la nature, les caractéristiques et les usages de l'intelligence, et d'offrir à ses membres un environnement intellectuel et social stimulant ». Voici l'adresse URL de son site au Canada (www.canada.mensa.org). Au Québec, vous trouverez un groupe à Montréal et un autre à Québec.

puis sur la fin de la vie. Il reste moins de temps et il importe de l'occuper au mieux, tout en acceptant de se désengager progressivement.

En 2003, la *Revue québécoise de psychologie*[1] publiait un numéro spécial consacré au «vieillissement réussi». Plusieurs auteurs ont demandé l'avis d'aînés à ce sujet. Voici quelques-unes de leurs réponses que j'ai pigées dans les différents articles et que j'ai regroupées et adaptées. Vous y verrez un certain lien avec la hiérarchie des besoins humains, la capacité d'adaptation, la sagesse et la sérénité.

Changer tout en continuant. Jouir au maximum de la vie, même si elle n'est pas toujours rose, et apprécier chacun des plaisirs du quotidien, malgré les pertes et les changements causés par le vieillissement. Adapter nos sources de plaisir à nos nouvelles possibilités. Assurer une continuité dans notre vie malgré les changements, tant sur le plan des idées et des expériences que sur celui de l'environnement physique et social.

Optimisme et bonne humeur. Conserver notre optimisme et notre bonne humeur quoi qu'il arrive et ne pas nous laisser déprimer par les événements. Adopter une attitude positive face aux pertes induites par la retraite. Miser sur nos points forts et notre potentiel de croissance plutôt que sur nos déficits. Accepter la responsabilité de notre vie.

Santé et vitalité. Accepter la présence, quasi inévitable, de problèmes de santé et de certains handicaps, mais pouvoir assurer nous-mêmes, sans aide, nos propres soins d'hygiène personnelle et d'entretien de notre logement. Demeurer suffisamment alerte intellectuellement pour pouvoir apprendre encore.

Relations interpersonnelles. Être entouré de personnes chaleureuses, généreuses, responsables et solidaires et tisser des liens d'affection et d'échanges avec elles. Privilégier les échanges intergénérationnels.

---

1. *Revue québécoise de psychologie,* vol. 24, n° 3, 2003.

Buts et activités. Dans la mesure de nos capacités, demeurer actif, avoir toujours des buts et des projets à réaliser et des défis à relever. Continuer nos activités d'avant, mais renoncer toutefois à celles qui sont devenues trop inaccessibles ou les réajuster en fonction de nos capacités. Ne pas chercher à modifier l'environnement pour l'adapter à nos propres besoins.

Alléger notre vie. Nous départir de tout ce qui alourdit notre vie, par exemple, certains meubles, livres, vieilleries, souvenirs, mais aussi des images et des conceptions désuètes de nous-même. Délaisser lentement ce qui est accessoire pour nous tourner vers l'essentiel.

Et pour finir...

Dans mon travail d'animatrice de cours de préparation à la retraite, je consacre toujours un moment à méditer, à réfléchir avec les participants sur les grands apprentissages de chaque étape du cycle de la vie, particulièrement après 45 ans. Pour ce faire, j'utilise le tableau qui suit, adapté de l'ouvrage de Jean-Luc Hétu, *Psychologie du vieillissement.* Je leur fais remarquer notamment à quel point l'auteur insiste sur l'importance de continuer à développer, à toutes les étapes de la vie, la fierté de soi, de ses compétences et de tout ce qu'on a accompli, ainsi que de valoriser les relations avec son conjoint et sa famille. Je leur demande alors de vérifier, juste pour eux, quelles tâches devraient être achevées ou consolidées, dès à présent, si nécessaire. Cela est destiné à favoriser le passage en douceur, le cœur en paix et sans regrets, dans la retraite, puis dans le vieillissement. Je vous propose de faire, vous aussi, cette méditation.

▷ Les grands apprentissages

D'après Jean-Luc Hétu, *Psychologie du vieillissement*[1].

L'assurance de la maturité (entre 45 et 55 ans)

Il reste moins de temps pour les choses qu'on veut faire.

Développer la fierté de soi et de sa compétence.

Se réjouir de son choix de vie et résister au désenchantement face à ses limites.

Approfondir le sens donné à sa vie.

Réexaminer le rapport entre sa situation de vie et ses besoins.

Vouloir encore se renouveler.

Produire, créer.

Laisser quelque chose derrière soi (générativité).

Valoriser les relations familiales : conjoint, parents, grands-parents.

Approfondir son expérience de Dieu.

L'entrée en soi-même (entre 55 et 65 ans)

Il y a de la joie à s'accepter soi-même et à accepter son conjoint.

Accepter lucidement de vieillir et s'y ajuster.

Développer la reconnaissance positive de soi.

Aller jusqu'au bout dans la poursuite de ses objectifs.

Se préparer activement à la retraite.

Apprécier l'importance de son conjoint.

1. Hétu, Jean-Luc. *Psychologie du vieillissement,* Montréal, Éditions du Méridien, 1992, p. 141.

L'heure de la retraite (65 ans et plus)
Vivre pleinement le présent tout en regardant la mort en face.
Apprendre à se désengager sans perdre sa créativité.
Évaluer sa vie de façon positive et réaliste.
S'ouvrir davantage à la foi et à l'espérance.
Intensifier les relations avec son conjoint.
S'entraîner au départ possible de l'autre.
Accepter une plus grande dépendance sans perdre l'estime de soi.

Le passage à la retraite n'est pas la fin de la vie active et stimulante, mais plutôt, pour qui veut s'en donner la peine et les moyens, une occasion unique, peut-être la dernière, de repositionner sa vie sur tous les plans. Il est encore temps d'achever ce qui avait été amorcé avant la retraite, de rattraper les occasions perdues et même de tout recommencer.

Mais avant d'atteindre un nouvel équilibre, il faudra accepter toutes les périodes de doute, de remise en question, de désenchantement et même de déception qui jalonneront le chemin, rempli d'ombre et de lumière, vers la stabilité. Une fois cette période critique passée, la grande majorité des gens pourront alors redonner un nouvel élan et un nouveau sens à leur existence, avant de se glisser lentement dans la vieillesse et la fin de leur vie.

Annexe Calepin copain

Chapitre 1 • **Gros plan sur la retraite**

Je prends ma retraite.

➤ La date de mon départ. _____

➤ Le temps qui me reste pour bien me préparer sur tous les plans. _____

➤ Les aspects de ma vie que je devrais améliorer dès maintenant pour partir le cœur en paix (voir p. 22 et 23).

_____

_____

_____

_____

➤ Les émotions qui m'envahissent chaque fois que je pense à ce départ (joie, tristesse, amertume, peur, satisfaction du devoir accompli, etc.).

_____

_____

_____

▶ Le contexte dans lequel je pars (forcé, trop tôt, au bon moment, un aboutissement, etc.).

_____

_____

_____

_____

Je suis déjà à la retraite.

▶ Nombre d'années écoulées depuis mon départ à la retraite. _____

▶ Les émotions qui m'envahissent chaque fois que je pense à ces années déjà passées et à celles qui s'en viennent.

_____

_____

_____

_____

▶ Les besoins qui ne sont pas complètement comblés (voir p. 22 et 23).

_____

_____

_____

_____

▶ La façon dont j'ai vécu ma retraite jusqu'à présent (voir tableau, p. 28 à 30).

_____

_____

_____

_____

▶ Mes plus belles réalisations depuis mon départ.

_____

_____

_____

_____

_____

▶ Selon l'illustration de la p. 26, que j'ai analysée attentivement, l'endroit où je me situe sur le chemin à parcourir pour m'assurer de vivre une retraite-succès.

_____

_____

_____

_____

▶ Ma façon habituelle de réagir aux changements (voir p. 31).
Va-t-elle me faciliter la tâche à la retraite ?

_____

_____

_____

_____

_____

_____

_____

Chapitre 2 • **L'équilibre physique et affectif**

Mes stratégies pour rester jeune.

▶ À l'aide du tableau des p. 51 à 55, notez vos propres stratégies pour préserver et même accroître votre capital santé et précisez une échéance pour les réaliser.

_____

_____

_____

_____

_____

_____

_____

_____

Mon degré de stress.

▶ Les symptômes qui vous permettent de croire que vous avez peut-être atteint un degré de stress élevé (voir p. 43 et 44).

_____

_____

_____

▶ Le total que j'ai obtenu pour le calcul de mes unités de changement de vie (l'échelle Holmes/Rahe, p. 45 à 47). Ajoutez aussi vos propres événements.

_____

_____

_____

▶ Inscrivez les situations qui vous irritent ou vous peinent.

_____

_____

_____

▶ Les actions que je devrais entreprendre dès maintenant pour m'assurer de réduire le stress de ma vie et ainsi faciliter mon passage à la retraite.

_____

_____

_____

_____

Mon alimentation santé.

Lisez attentivement les listes d'aliments aux p. 59 et 60. Revoyez aussi la pyramide du régime méditerranéen, p. 61, et notez les aliments que vous allez dès aujourd'hui vous efforcer d'ajouter ou d'éliminer.

▶ Aliments à réduire ou à éliminer.

_____

_____

_____

▶ Aliments à ajouter ou dont je devrais augmenter la consommation.

_____

_____

_____

Chapitre 3 • **L'équilibre matériel et pratique**

Je veux travailler à la retraite.

➤ Mes motivations profondes (voir p. 74 et 75).

_____

_____

_____

_____

_____

_____

_____

➤ Ce que j'aimais le plus dans mon travail et qui va me manquer (voir aussi p. 171).

_____

_____

_____

_____

_____

➤ Ce que je détestais le plus dans mon travail et que je me promets bien de ne plus jamais revivre.

_____

_____

_____

_____

_____

▶ Les secteurs dans lesquels j'aimerais travailler.

_____

_____

_____

_____

_____

_____

▶ Les conditions de travail qui me conviendraient le mieux et que je vais tenter d'obtenir.

_____

_____

_____

_____

_____

▶ Les points forts (qualités, expériences, compétences professionnelles et relationnelles, etc.) que je peux faire valoir auprès des employeurs (voir p. 79 à 81 et p. 83 à 86).

_____

_____

_____

_____

_____

_____

_____

Je veux me simplifier la vie (voir p. 95 à 97).

▷ Mes résolutions et mes projets pour me rendre la vie plus facile et moins encombrée.

_____

_____

_____

_____

_____

_____

_____

_____

_____

▷ Mes résolutions et mes projets pour dépenser moins et éliminer le gaspillage sans toutefois me priver (si possible, indiquez un montant d'argent que vous pensez pouvoir économiser chaque mois).

_____

_____

_____

_____

_____

_____

_____

_____

_____

▶ Déménager ou ne pas déménager? Afin de prendre la meilleure décision, répondez aux questions des p. 96 et 97 et jetez un œil au tableau des p. 103 à 106.

_____

_____

_____

_____

_____

_____

_____

_____

_____

_____

_____

_____

_____

_____

_____

_____

_____

_____

_____

Si vous décidez de déménager, ne manquez pas d'utiliser la grille proposée aux p. 98 à 101. Vous ne regretterez jamais d'avoir consacré du temps à faire ce petit travail.

Chapitre 4 • **L'équilibre affectif**

➤ Mes craintes, sur le plan affectif, à l'idée de prendre ma retraite (couple, famille, parents âgés, amis, nouveaux amis, relations, collègues de travail proches de moi, etc.).

_____

_____

_____

_____

_____

_____

_____

_____

_____

➤ Mes attentes et mes espoirs, sur le plan affectif, maintenant que je dispose de temps pour penser à moi.

_____

_____

_____

_____

_____

_____

_____

_____

_____

_____

_____

Mon remue-méninges personnel (voir p. 129 à 133).

▷ Notez ici les réponses à votre propre remue-méninges pour les éléments suivants : valeurs, besoins, activités préférées, projets à court terme et à long terme, rêves les plus fous et les autres, vos craintes et vos peurs, vos responsabilités ainsi que votre contribution à l'harmonie de votre couple.

Mon territoire n'est pas ton territoire.

➤ D'après votre expérience personnelle, ainsi que la lecture des p. 114 à 118, quelles pourraient être les sources de friction et de mésentente dans votre couple, une fois à la retraite ? Quelles solutions concrètes pourriez-vous envisager pour vivre tous les deux davantage en harmonie ?

Sources de mésentente	Solutions

Moi et l'autre : mode d'emploi (voir p. 119 à 124).

➤ Croyez-vous que ce tableau comparatif peut vous aider à mieux comprendre votre partenaire afin de vous rapprocher davantage l'un de l'autre, tout en respectant vos besoins respectifs ? Notez ici ce qui vous a le plus touché.

_____

_____

_____

_____

_____

_____

_____

_____

La famille (voir p. 139 à 151).

➤ Répertoriez tous les tracas que votre famille semble vous causer et les solutions possibles pour les résoudre. Les problèmes peuvent venir de vos frères et sœurs, de vos enfants, petits-enfants, ainsi que de vos parents.

Problèmes	Solutions

▶ Demandez-vous ensuite si le fait de balayer du revers de la main tous ces tracas, et parfois aussi les personnes qui vous les causent, ne risque pas de rendre votre vie vide de sens.

_____

_____

_____

_____

_____

_____

_____

Se suicider à la retraite (voir p. 151 à 157).

▶ Bien sûr, cela ne sera pas votre cas ni celui de votre conjoint, mais notez quand même les facteurs particuliers qui pourraient faire de vous une personne à risque dans l'avenir et auxquels vous devriez porter une attention toute particulière dès aujourd'hui.

_____

_____

_____

_____

_____

_____

_____

_____

Chapitre 5 • **L'équilibre intellectuel**

Ma personnalité, mes valeurs et les activités de retraite qui semblent me convenir le mieux.

➤ Choisissez d'abord, le (un seul) type de personnalité de la typologie de Holland qui vous ressemble le plus (voir p. 163 à 165).

➤ Notez les éléments du tableau qui vous ressemblent.

Vos intérêts et préférences	Vos aptitudes, talents, compétences

➤ Puis inscrivez vos valeurs principales (voir p. 167 et 168).

Terminales	Instrumentales

Rendez-vous maintenant aux p. 185 à 190 et cochez les activités qui semblent le mieux convenir à votre personnalité et à vos préférences. N'hésitez pas à choisir des activités dans les autres types de personnalité afin de satisfaire tous vos besoins fondamentaux (voir p. 173 et 174).

➤ Complétez ce portrait en vous rappelant les activités que vous avez déjà pratiquées et que vous avez dû abandonner pour mille et une raisons (voir p. 171).

_____

_____

_____

_____

_____

_____

_____

Si ça ne marche pas comme vous le désirez.

➤ Les raisons qui vous empêchent d'atteindre vos objectifs, de réaliser vos rêves et de mener à terme vos projets. Inspirez-vous des p. 177 à 183.

_____

_____

_____

_____

_____

_____

_____

_____

Les grands apprentissages (voir p. 196 à 198).

▸ Si vous analysez le tableau des grands apprentissages, quelles sont les tâches que vous devriez achever ou consolider dès à présent pour continuer votre vie en toute sérénité ? Même si vous avez du chemin à rattraper, sachez qu'il n'est jamais trop tard.

_____

_____

_____

_____

_____

_____

_____

_____

Et voilà, vous êtes prêt, maintenant, à rejoindre les 25 % et plus de gens qui ont choisi de vivre une retraite-succès, d'être le plus heureux possible, actifs, entourés, aimés et en santé.

À propos de l'auteure...

Marie-Paule Dessaint, spécialiste des sciences de l'éducation, auteure et formatrice d'adultes, consacre la majeure partie de son temps à préparer les futurs retraités à s'adapter joyeusement et lucidement à ce grand passage de leur vie. Elle s'intéresse aussi, et tout particulièrement, au sort des personnes à la retraite depuis quelques années, mais qui ne sont pas parvenues à rétablir totalement un équilibre psychosocial.

En plus d'avoir enseigné dans différentes institutions, y compris en milieu carcéral, d'avoir œuvré au ministère de l'Éducation du Québec et travaillé comme adjointe du vice-doyen dans une faculté d'éducation, elle a collaboré à plusieurs recherches et publié des ouvrages dont *Bien vivre, mieux vieillir – Guide pratique pour rester jeune*.

Marie-Paule Dessaint a conçu *Une retraite heureuse ? Ça dépend de vous !* avec l'espoir de contribuer à réduire le nombre de retraites-échecs et, par ricochet, bien des problèmes de santé physique et psychologique, car en se donnant les atouts pour réussir, chaque nouveau retraité peut faire en sorte que cette transition devienne un tremplin pour une existence plus épanouissante.

▶ **Pour contacter l'auteure : mariedessaint@yahoo.ca**

Table des matières